THEATERBIBLIOTHEK

Wolfgang Deichsel, Werke

Wolfgang Deichsel
Frankenstein I
Aus dem Leben der Angestellten
Werke. Band III

Verlag der Autoren

Die Deutsche Bibliothek – CIP-Einheitsaufnahme

Deichsel, Wolfgang:
Werke / Wolfgang Deichsel. – Frankfurt am Main : Verl. d. Autoren.
(Theaterbibliothek)
NE: Deichsel, Wolfgang: [Sammlung]
Bd. 3. Frankenstein.
1. Aus dem Leben der Angestellten. – 1992
ISBN 3-88661-135-3

Gesamtherstellung: Druck- und Verlagsgesellschaft, Darmstadt
Printed in Germany

Inhalt

Frankenstein
Aus dem Leben der Angestellten

2 Mund im Kopf

3 Autolenker

4 Traum der Dinge

Frankenstein
Aus dem Leben der Angestellten

I

Bündel

Dem kriminaltechnischen Labor ist eine Fundsache zugestellt worden, die möglicherweise mit einem Gewaltverbrechen in Verbindung steht. Der Kriminaltechniker und ein Fotograf untersuchen den Gegenstand und sichern die Spuren.
Der Techniker entnimmt der Transportkiste ein fleckiges Bündel. Er schneidet die Knoten der Verschnürung heraus, numeriert sie und legt sie in Plastiktüten. Er schlägt die erste Hülle zurück. Der Fotograf macht eine Aufnahme. Er schlägt die zweite Hülle zurück. Der Fotograf macht eine Aufnahme.

FOTOGRAF Nach was riecht dann das? Pilze oder verbrannter Kunststoff oder was?

TECHNIKER *hebt die dritte Hülle an, entsetzter Blick, Hülle zurück. Fotograf blickt ihn an. Der Techniker nimmt Abstand.* Das sieht aus wie ein Stück von, nein, dazu ist es zu groß. *Der Fotograf, verwundert, nimmt einen Zipfel der Hülle hoch, Ekel, Hülle zurück.*

HAUPTKOMMISSAR LAPE *im Regelmantel, hat bis dahin lesend gewartet und tritt jetzt heran* Wie lange seid ihr eigentlich schon beim Bau. *Schlägt die Hülle auf und sofort zurück.* Das ist ein Ding der Unmöglichkeit! *Faßt sich.* Aber das kriegen wir schon.

Hutkoffer

Ein Ehepaar geht am Stadtrand spazieren.

MANN *über einen Hutkoffer gebeugt, stochert mit einem Ast darin herumn* Das kriegst du nie mehr raus. Das klebt.
FRAU *bringt es nicht fertig, in den Koffer hineinzusehen* Ich hab mich schon gewundert, daß heute einer noch einen Koffer wegwirft, der so schön ist.
MANN Ja schade, aber das Zeug kriegst du nicht raus. Das klebt. Sieht aus wie Hirnmasse. Aber da stekken Drähte drin. Das könnte Gold sein. Auch verschmiert.
FRAU Der Koffer wär noch gut gewesen.
MANN Du trägst doch sowieso keine Hüte.

Gerke

Gerke, wegen Belästigung von Frauen mehrfach vorbestraft, läßt sich untersuchen, weil er, um den sexuellen Drang lozuwerden, will, daß einige Zellen in seinem Gehirn verödet werden. Seine Mutter begleitet ihn.

Gerke in einem Stuhl. Kalk heftet mit Leukoplast Drähte auf dem kahlen Schädel von Gerke fest.

KALK Ich versteh Sie ja, Frau Gerke, als Mutter, aber irgendwann ist es dann soweit und Ihr Sohn macht was Schlimmeres.
GERKE Genau Mutti. Schlimmeres.
MUTTER Schlimmeres?
KALK Schlimmeres.
MUTTER Was ist Schlimmeres?
KALK Schlimmeres ist Notzucht zum Beispiel.
GERKE Notzucht. Genau.
MUTTER Aber du fährst doch immer nur Fahrrad!
KALK Und schon dafür hat er dreimal gesessen. Wollen Sie das verantworten als Mutter, daß Ihr Sohn regelmäßig als Triebtäter tätig wird.
MUTTER *schweigt*
GERKE Ich will das auch nicht verantworten.
MUTTER Ich weiß nicht. Ich weiß nicht.
KALK Ich verstehe Sie, schön ist das nicht. Sie befürchten eine Veränderung. Aber was meinen Sie, wie sich Ihr Sohn ändert, wenn wir die alte Methode anwenden, die Kastration. So veröden wir nur ein paar Zellen im Hirn.

GERKE Damit Ruhe ist im Stall. Zwei Sendeleitern folgen, zur gleichen Zeit, das schafft kein Mensch, Mutti. Das dänische Sexzentrum sagt »hü!«, das öffentliche Presseorgan »hott!«. Das hält kein Mensch aus.

MUTTER Aber ich hab dich doch immer so streng erzogen.

GERKE Sehr richtig, und so erzieh ich auch meine zwei Kinder. Und deswegen muß der raus, der Däne. Wer bin ich denn, daß ich Mai für Mai und Abend für Abend mich aufs Fahrrad schwinge und trampele nackt durch den Wald und all das für diese Dänensau. Das muß rausgerissen werden, das ganze dänisch sexuelle Kurzwellensystem. Der bringt mich auf Tourn, ich quäl mich ab, der schafft sich dran. Feuer unter den Arsch!

MUTTER Vielleicht ist doch nur dieser Däne dran schuld.

KALK Den Dänen gibts nicht.

GERKE Genau. Raus mit der Sau. Wer bin ich denn. Dann kommt die Elke zurück. Da kann ich meinen Kindern wieder ins Auge sehn. Feuer aufs Haupt. Wer bin ich denn! Raus hier, raus! *Haut sich auf den Schädel.*

KALK Vorsicht, Herr Gerke, unsere Drähte. Sie sehn ja, es ist sein eigener Wille, Frau Gerke.

GERKE Dann kommt die Elke zurück, dann kann ich meinen Kindern wieder ins Auge sehn. Dann ist endlich Ruhe im Stall.

Starkstrom

Der Schreiner Weiß hatte in seiner Werkstatt einen Starkstromunfall. Kommissar Jung besucht den Weiß im Krankenhaus.

JUNG Gut. Ende der Vorstellung. Dann werden wirs eben nie erfahren, ob er allein in seiner Werkstatt war oder nicht.

SCHWESTER Das wird auch nichts mehr. So liegt der seit März.

JUNG *letzter Versuch* Herr Weiß! Herr Weiß! Wirklich sinnlos! Der hat ja die Augen auf!

SCHWESTER *entsetzt* Das gibts nicht. *Schnell ab.*

JUNG Kommissar Jung. Ich würde Sie nicht stören, aber es ist alles nicht so einfach!

WEISS *sachlich* Einfach! Alles ganz einfach! *Erhaben.* Die vielen Stimmen schweigen, wenn die eine Stimme erklingt und spricht: Steh auf und wandele!

JUNG Die Stimme von wem? War noch jemand bei Ihnen in der Werkstatt?

DOKTOR FRANK *mit Schwester auf* Das gibts nicht! Da bitte! Die Augen sind zu!

JUNG Er hat geredet!

DOKTOR FRANK Unsinn! *Interessiert sich mehr für das Krankenbett als für den Mann.* Schon daß er lebt, widerspricht aller Erfahrung.

JUNG Einer hätte gesagt: Steh auf!

WEISS *korrigiert sachlich* Und wandele! Steh auf und wandele!

DOKTOR FRANK *mit Schwester entsetzt zurück* Das gibts nicht! Holen Sie Doktor Kalk! *Blättert in der Akte.*

WEISS *erhaben* Steh auf und wandele!

DOKTOR FRANK Bleiben Sie liegen!

WEISS *sachlich* Jeder wird mal wach! Gold im Mund! Man wandelt und wandelt. *Erhaben.* Du wandelst unter glühender Sonne. *Sachlich.* Die Sonne brennt dir aufs Haupt. *Erhaben.* Du wandelst und wandelst. Du bist total verwandelt. *Sachlich.* Man fühlt sich als anderer Mensch, total verwandelt. *Erhaben.* Und dann ist das Tor zu! *Sachlich.* So gehts wirklich nicht.

JUNG Das Tor zu? Von wem?

WEISS Mach das Tor auf! Es ist zu!

DOKTOR FRANK *zu Jung* Sie gehn jetzt!

WEISS Auf das Tor! Zu!

JUNG Herr Weiß! Wars ein Mordversuch?

DOKTOR FRANK *zu Jung* Ruhe!

WEISS Auf! Das Tor! Zu!

DOKTOR FRANK *zu Weiß* Ruhe!

DOKTOR KALK *mit Schwester auf* So etwas ist nicht denkbar!

WEISS Auf! Das Tor! Zu!

JUNG Ja, ist ja gut jetzt. Dich krieg ich auch noch dran!

WEISS Auf das Tor zu!

DOKTOR FRANK Na Herr Weiß, jetzt werden wir wieder.

JUNG Was hat der da unterm Verband?

DOKTOR FRANK Was soll er da haben? Den Kopf.

Rätselhafte Fälle

Hauptkommissar Lape ermittelt in dem Mordfall Ronny Dürr. Die Leiche, bei der das Gehirn entfernt war, wurde neben der Autobahn gefunden. Lapes Mitarbeiter Jung und Harms nehmen im Kommissariat Hinweise entgegen und führen Vernehmungen durch.

HARMS Vor dieser großen Kopfoperation, Frau Hörr –

FRAU SCHOLZ Ich heiße nicht mehr Hörr.

JUNG *am Telefon* Infra? Infra was?

HARMS Frau Scholz. Ja.

JUNG Infrarot. *Notiert.*

HARMS Also. Wurde bei Ihrem ehemaligen Mann schon vor seiner großen Gehirnoperation ein ähnlicher Eingriff vorgenommen?

SCHOLZ Weiß ich nicht.

JUNG Infiltration. Verstehe.

HARMS *hält der Scholz ein Foto vor* Und diese Narbe hier, rings um die Stirn?

SCHOLZ Weiß ich nicht.

HARMS Sie wissen also nicht.

JUNG Welche harte Bestrahlung?

LAPE *mit einer Zeitung herein* Wenn ich schon sowas höre. »Polizei stochert mit der Stange im Nebel«, »Nur die Spitze des Eisbergs«. Aber der Zeitungsfritze weiß genau, in welchen Zusammenhang das tote Kind gehört. Sogar die Leiche ohne Kopf im Kühlwagen läßt er auferstehen. Sechs Jahre ist das her.

JUNG Ultraviolette Verwandlung.

LAPE Ultraviolette Verwandung?

JUNG *zu Lape* In Bestrahlungskabinen. Ein Dr. Gebhart versucht angeblich Patienten unter Kontrolle zu bekommen.

LAPE Vergiß es. Leg auf.

JUNG Wir gehn dem nach, Frau Schreber.

LAPE *Zeitung* »Dahinter steckt ein Spezialist.« Wenn ich sowas schon höre, als hätte ein Chirurg keine andere Möglichkeit, eine Leiche zu beseitigen. Operiert seinem Opfer das Gehirn aus dem Schädel und wirft die Leiche dann neben die Autobahn. Ich glaub mein Schwein pfeift. Zusammenhänge, wo keine Zusammenhänge sind. *Ab.*

HARMS Dann wissen Sie auch nicht, wo der Hörr zur Zeit steckt.

SCHOLZ In der Irrenanstalt. Wo sonst.

JUNG Verwandlung. Habe verstanden.

HARMS Sie wissen also nichts.

SCHOLZ *verliert plötzlich ihre Gleichgültigkeit* Ist er nicht mehr dort? Ist er raus?

JUNG Machen wir! Keine Angst!

SCHOLZ *Angst* Der konnte doch keine zwei Sätze mehr zusammenbringen. Nach der Behandlung.

JUNG Keine Angst!

SCHOLZ Vielleicht ist er zu seiner Mutter!

HARMS Adresse?

SCHOLZ Viktoriastraße. Ecke Wilhelmstraße. Vierter Stock links.

JUNG Keine Angst!

HARMS Also man weiß auf einmal doch was!

SCHOLZ Er hatte noch einen Freund früher. Werner.

BOURDETTE *ein alter schmutziger Mann, der unter einem Wollmantel einen verdreckten Arztkittel trägt. Plastiktüten, mit großen Zahlen durchnume-*

riert. Eine Wollmütze, darüber ein Hut Zu Hauptkommissar Lape in Sachen Gehirn Ronny Dürr.

JUNG Alles notiert, Frau Schreber. *Legt den Hörer auf.* Vielen Dank. *Wirft den Zettel weg.*

BOURDETTE In Sachen Gehirn.

SCHOLZ Werner Bolongaro. Arbeitet in einer Kneipe.

HARMS Und die heißt?

JUNG Ihr Name?

SCHOLZ Alte Krone.

BOURDETTE Doktor Bourdette. Es ist doch eine Belohnung ausgesetzt, von 7000 Mark.

JUNG Ihre Adresse?

BOURDETTE Ich will zu Herrn Lape, Herr Lape kennt mich.

JUNG Ihre Adresse.

BOURDETTE Der Mensch ist unvollkommen. Ich habe das Beste gewollt, aber der Mensch kann nicht wie er will. Fehlkonstruktion, sagt Brückenbotho, er will gut sein, aber böse Mächte winken ihn vom rechten Weg.

SCHOLZ »Winken ihn vom rechten Weg.« – Elbschlössel!

JUNG Zur Sache.

BOURDETTE Aber der Doktor Bourdette hat die Stellen im Hirn lokalisiert, wo gewinkt wird, ein Knopfdruck! *Zeigt ein Gerät, das zur Fernbedienung von Fernsehern verwendet wird.*

SCHOLZ Stolpereck!

JUNG Zur Sache Dürr!

BOURDETTE Zur Sache Dürr! Zur Sache Dürr!

Scholz sucht weiterhin panisch nach Namen: »Bei Antie, bei Anke, Zum Äffchen.« Harms sucht im Telefonbuch.

BOURDETTE So seid ihr! Kinder der neuen Zeit. Habt ihr nie die Hand gegen den Vater erhoben und wurdet verflucht, aber Doktor Bourdette hat das Mittel gefunden, das die Hand anhält, die sich zum Schlage erhebt.

SCHOLZ *verzweifelt* Ich habs vergessen, Krone oder Stolpereck.

BOURDETTE Sie wissen nicht, was sie tun. Trübe Tassen. Sand im Getriebe. Wer leidet denn noch, daß er seiner nicht mächtig ist. Und dann soll ich noch um die Belohnung beschissen werden. *Wütend.* Nur noch Liebe! Kein Haß mehr! Nur Liebe! Dafür sind doch 7000 Mark nicht zuviel.

LAPE *ist mit einer Akte hereingetreten. Amüsiert* Sei friedlich, Erich.

BOURDETTE Ich will ja friedlich sein, Herr Kommissar. Aber es funktioniert nicht. Es liegt nicht hier am Sender. Es liegt nicht hier am Empfänger. *Hut und Mütze ab, darunter im Haar ein Gebastel aus Batterien und Radioteilen.* Es liegt am Hirn. Der Klumpen ist zu alt, ich kann schalten wie ich will, aber wenn ich diese jungen Schnösel sehe, Herr Kommissar, dann würd ich ihnen am liebsten die Flasche auf den Kopf hauen.

Frau Scholz hat Angst, die Kommissare sind belustigt.

LAPE Das war mal wieder unterhaltend, Erich. Aber wir müssen weitermachen. Was kostet inzwischen das Stierblut?

BOURDETTE Vierfünfzig.

LAPE *gibt ihm Münzen* Zum Wohl! Auf ein andermal. *Hält Jung die Akte vor.* Warum haben Sie mir das auf den Tisch gelegt?

JUNG Der Mann hat einen Starkstromunfall überlebt.

LAPE Merkwürdig. Fangen Sie jetzt auch schon an. Ich untersuche einen Fall, in dem ein Kind entführt wurde, und es ist wahrscheinlich, daß die Eltern erpreßt werden sollten. Auch wenn wir noch kein Motiv für diese besondere Verstümmelung haben. Ich bitte, sich auf diesen Aspekt zu konzentrieren. Keine Zusammenhänge, wo keine sind.

BOURDETTE Herr Kommissar, Sie werden mich nicht bescheißen um meine siebentausend. Außerdem ist die Dame hier Zeuge, daß ich hiermit den Hinweis gebe, daß ich den Ronny Dürr getötet habe. Das Opfer wurde der Forschung gebracht.

LAPE Wir haben heute einfach nicht die Zeit für deine alten Märchen, Doktor.

JUNG *entfaltet Landkarte* Dann zeigen Sie, wo Sie die Leiche abgelegt haben.

BOURDETTE Das wißt ihr doch. Ich brauchte ein junges Gehirn.

HARMS Frau Scholz. Also melden Sie sich, wenn der Hörr bei Ihnen auftaucht.

SCHOLZ *hat in Panik benommen dem Bourdette zugehört* Der taucht auf. Der sticht mich ab.

BOURDETTE *befriedigt* Die hat Angst.

SCHOLZ Der schneidet mir den Kopf ab, der Hörr.

BOURDETTE Die hat Angst.

SCHOLZ In jedem Brief steht »Dir schneid ich auch noch den Kopf ab«.

BOURDETTE Die Frau hat Angst.

SCHOLZ Ich wär an allem schuld.

BOURDETTE Die Frau hat Angst. Aber mich unterstützt ja keiner. Hätten wir jetzt eine Sonde implantiert in ihr Gehirn, dann könnten wir die Angst einfach ausschalten. Ein Knopfdruck, sie ginge raus in bester Laune.

SCHOLZ *hysterisch* Quatsch mich nicht an, alter Drecksack.

BOURDETTE In bester Laune.

SCHOLZ Quatsch mich nicht an! Quatsch mich nicht an.

LAPE Schluß der Vorstellung.

BOURDETTE Also nichts mit Belohnung. Dann hätte ich hier noch was. Tüte drei oder vier. *Sucht. Socken. Illustrierte, Butterpaket.* Nein. Dann Tüte sieben. Ja. Etwas feucht. *Greift hinein.*

LAPE *hat die Tüte gesehn* Laß das drin! Das ist doch wirklich eine Sau!

BOURDETTE Siebzig Mark. Wie wärs.

JUNG Haare mit Blut.

HARMS Ein Skalp.

LAPE *gibt dem Jung mit spitzen Fingern die Tüte* Brings ins Labor! Sperr den ein solange. Sieht aus, als wärs eine Perücke mit Ketchup. Da soll man klar denken. Stange im Nebel. Und jetzt noch achtzig Schüler vernehmen. Das ist ein Tag.

II

Fernseher

Der Vater sitzt vor dem Fernseher, der Sohn beobachtet den Vater. Er will was von ihm wissen.

SOHN Du.
VATER *überlaut, überfreundlich, ohne den Blick zu wenden* Was?
SOHN Hör mal!
VATER Was denn? *Der Sohn schnipst mit den Fingern, keine Reaktion.*
SOHN Du!
VATER Was ist denn?
SOHN Nichts.
VATER *kommt zu sich, gereizt* Was ist denn?
SOHN Schon erledigt. Schon gut. *Der Vater konzentriert sich wieder aufs Bild.*

Uhrenmann

Zwei Männer, die sich nicht kennen, warten auf den Bus.
Der eine Mann geht auf und ab. Bei jeder Kehrtwendung sieht er auf die Uhr. Der andere Mann beobachtet das mit ängstlichem Ausdruck. Der Uhrenmann sieht dem anderen gleichgültig ins Gesicht und zieht seine Uhr auf. Der Beobachter fixiert die Uhr.

UHRENMANN *sieht fragend auf* Fünfzehn Uhr elf. *Der andere hat nicht hingehört, sieht dem Uhrenmann gespannt ins Gesicht.* Die Uhrzeit? Fünfzehn Uhr elf und zwanzig Sekunden! *Verwirrter Blick des anderen Mannes.* Kennen wir uns?
MANN *zurückweichend* Nein. Überhaupt nicht. Verzeihung.

Auch einer von denen

Schrader hält seinen Bekannten Rott auf.

SCHRADER Rott, geben Sie's doch zu! Sie sind doch auch einer von denen!

ROTT Was ist los?

SCHRADER Sie sind auch einer von denen!

ROTT Was denn? Was denn?

SCHRADER Ich sage, daß Sie auch einer von denen sind.

ROTT Was soll denn sein, Schrader? Ich hab doch nichts gemacht!

SCHRADER Sehn Sie!

ROTT *ängstlich* Von denen! Von denen! Von wem denn?

SCHRADER Sehn Sie! Typisch!

Der Andreas

Andreas, fast zwanzig, tut fast nichts mehr von sich aus und auch von seinen Eltern nimmt er keine Aufforderung mehr an. Er sieht so aus, als reagiere er nur noch auf Dinge. Durch eine Verkehrsampel läßt er sich die Impulse zur Nahrungsaufnahme geben. Die Verkehrsampel steht im Wohnzimmer vor einem kleinen Tisch neben dem Eßtisch der Eltern.
Die Mutter setzt den Andreas an den kleinen Tisch, stellt einen Teller Eintopf hin. Andreas starrt auf die Spielzeugautos, die den Tisch bedecken, stellt mit sicherem Griff ein Auto an einen anderen Platz.

DIE MUTTER *nach draußen* Gleich essen! Essen sofort!

DER VATER *mit einem Brief herein. Setzt sich* Was hat der Mischa mit Esso zu tun? Wo ist der Michael-Sascha überhaupt?

Die Mutter hat sich an den Eßtisch gesetzt. Sie schaltet über eine Fernsteuerungstaste die Ampel auf Grün. Andreas, der die Ampel kontrolliert hat, nimmt daraufhin einen Löffel Eintopf. Die Mutter schaltet auf Rot. Andreas kaut.

DIE MUTTER So. Eins. Überstunden. Drei. Vier.

DER VATER Glück mit dem einen wenigstens! Was hat denn der mit Esso hier, hier der, zu tun?

DIE MUTTER Einundzwanzig. Zweiundzwanzig. Preisausschreiben – wieder – wahrscheinlich. Sechsundzwanzig.

DER VATER Ja wieder, wahrscheinlich, ganz klar. Hauptgewinn ist der Ford, das käm –

DIE MUTTER Zweiunddreißig. So. Stop! *Sie schaltet auf Grün. Andreas nimmt einen Löffel Eintopf. Die Mutter schaltet auf Rot.* Eins. Zwei.

DER VATER Das käm mir grad recht.

DIE MUTTER Wenn – ers – gewinnt – dann gehörts – ihm.

DER VATER Da red ich mit meinem ältesten Sohn! Das wird sich zeigen! Solang der noch bei uns wohnt, da sind wir auch beteiligt, wenn er gewinnt, so ist das nicht.

DIE MUTTER Einunddreißig. Zweiunddreißig. So. *Sie schaltet auf Grün. Andreas nimmt einen Löffel Eintopf. Sie schaltet auf Rot.* Eins.

DER VATER Die Blutwurst ist komisch hier.

DIE MUTTER Sieben. Gabs – gratis – zehn.

DER VATER Wieso?

DIE MUTTER Zwölf. Werbung. Vierzehn. Fünfzehn. Angebot. Siebzehn. Mit der – Leberwurst – hier – Einundzwanzig. Neue – Marke – gut – aber – teuer.

DER VATER Ich denk, sie kostet nichts.

DIE MUTTER Die Blutwurst! Einunddreißig. Zweiunddreißig. Los! *Sie schaltet auf Grün. Andreas nimmt einen Löffel Eintopf. Sie schaltet auf Rot.* Eins. Die – Blutwurst – wurst – Nicht – die – Leber – Acht – Wurst – Neun. Zehn. Elf.

DER VATER Der zweite Preis ist dann eine Kreuzfahrt im Mittelmeer für zwei Personen.

DIE MUTTER Zwanzig. Da muß eins – von uns – daheim – bleiben. Das beste wär – natürlich – das wär natürlich – daß uns – der Mischa – seinen Eltern – die Reise – als Paar – abgibt.
Grün. So. Iß du schön mein Kind!

Aber – Mutter und Sohn – das geht auch – aber – wir können – ja doch nicht – weg – wegen dem – und an wem – bleibts hängen – an mir – Dann ist – eben eine – Reise Vater – und Sohn und die Mutter – muß bei dem – kranken – Zweiundzwanzig. Oder – zweiunddreißig? Zweiundzwanzig! Also fünfundzwanzig – kranken – Sohn – bleiben.

DER VATER Und die letzten Preise, Benzinbons. Das ist auch nicht ohne.

DIE MUTTER Zweiunddreißig. *Grün. Andreas ißt. Rot.*

DER VATER Umsonst tanken! Nur, dazu braucht man ein Auto.

DIE MUTTER Auszahlen lassen – oder – das Auto – eintauschen – gegen die Reise – die ist – nämlich vom Erleb – vom Erlebnis her – mehr wert – und was das Auto – dann praktisch – mehr wert ist – den Rest – laß ich mir – ausbezahlen – als Taschengeld – fürs Schiff –

DER VATER Kommt doch nicht in die Tüte. Mit einer Reise machst du einmal eine Reise, und mit dem Auto machst du Reisen soviel du willst.

DIE MUTTER Zweiunddreißig. Grün. Los. *Andreas ißt. Rot.*

DER VATER Ja eben soviel du willst, und du kannst sogar noch eine vierte Person mitnehmen, falls er nicht wieder reihert wie im Bus. Und das Beste wär, man würde den ersten Preis gegen hundert letzte Preise tauschen, dann wär nämlich auch noch das Benzin umsonst. Aber das ginge nur, wenn mehrere Familienmitglieder sich an dem Preisausschreiben beteiligen.

DIE MUTTER Zweiunddreißig. *Grün, Andreas ißt. Rot.* Und eins. Zwei. Gegen Benzin – wird nichts –

getauscht – Wenn – dann die – Kreuzfahrt – Das entscheidet – immer noch – der Mischa – was getauscht – wird – Vierzehn.

DER VATER Vierzehn! Vierzehn! Fuffzehn!

DIE MUTTER Achtzehn.

DER VATER Ich halt so ein Essen nicht mehr aus!

DIE MUTTER Ja – Anstatt – daß du mir – eine automatische – Steuerung – einbaust.

DER VATER Ich hab dir eine Stoppuhr gekauft, und wenn du – *Die Mutter schaltet auf Grün. Andreas ißt.* – nicht lernst, damit umzugehn, dann soll er selbst essen, der Idiot!

DIE MUTTER *fordert den Vater auf, leise zu sprechen* Acht. Neun. Zehn.

DER VATER *zu Andreas, schreit* Zweiunddreißig! Zweiunddreißig! Friß jetzt! Friß! *Andreas erstarrt.*

DIE MUTTER Bis jetzt – hat er – die grüne – Welle – schön gemacht – und jetzt – legst du – wieder los – Dreiundzwanzig. »Zweiunddreißig« hilft gar nichts! Grün muß sein! »Zweiunddreißig!« Wenn ich sowas schon hör! Da! Jetzt bin ich raus!

DER VATER Eben! Ja! Zähl bis zwanzig, dann gehts schneller! Warum nicht bis zwanzig?

DIE MUTTER Weil der Mensch zweiunddreißigmal kauen muß, weil er zweiunddreißig Zähne hat! Und wenns jetzt wieder die Stauung gibt, dann kann ich wieder stundenlang Halteverbot machen!

DER VATER Halteverbot! Halteverbot! Dieses Scheißhalteverbot! Und dieses Schmierakel mit der Suppe! Warum gibst du dem auch immer die Reste? Das ißt doch kein Mensch! Soweit sind wir noch nicht, daß mein Sohn Reste essen muß!

DIE MUTTER Das merkt er doch nicht, aber dein Geschrei, dein Geschrei, das merkt er, mein Andreaschen. *Sie spricht beruhigend Andreas an.* So, mein Kind! Alle Verkehrssünder sind zur Strecke gebracht! Alle Verkehrssünder sind zur Strecke gebracht! Alle Verkehrssünder sind zur Strecke gebracht! *Andreas ergreift ein Spielzeugauto und zerbeißt es. Sie zieht es ihm aus dem Mund.* So, gib die Mutti her oder den Vati, oder was es wieder ist, und jetzt wird schön gegessen, fünf Löffelchen haben wir schon und jetzt kommt der sechste! *Sie will ihm den Löffel in die Hand drücken. Er will raus. Die Mutter hält ihn.* Da hast dus! Jetzt gibts gleich wieder Fahrerflucht.

DER VATER Dann soll er doch Fahrerflucht machen! Noch einmal Fahrerflucht und ich verlasse selbst das Haus! Der Kerl kommt mir ins Heim! Noch einmal Fahrerflucht, und ich schlag dem den Kopf an die Wand und ab in die Anstalt!

DIE MUTTER Und wer bezahlts? Ja Kind, wenn dein Vater ein bißchen ehrgeiziger wär im Beruf, dann könnten wir ja auch für die Behandlung aufkommen. *Vater hat inzwischen trotz der Erregung mit großer Vorsicht den Brief geöffnet.* Und den Brief von deinem Bruder hat er auch aufgemacht. *Mit Andreas ab.*

DER VATER *zum Brief* Der Junge hat keine Geheimnisse vor uns! Da bitte! Dreißig Liter Benzin! Dreißig Liter Esso Extra! Kreuzfahrt haha! Dreißig Liter Esso Extra!

Blick

Ein Herr teilt einem Bekannten, den er auf der Straße getroffen hat, eine Entdeckung mit.

HERR Man sieht das am Blick, da müssen Sie drauf achten, da müssen Sie sich in acht nehmen, wenn so ein Blick da ist, aufpassen, dann gehört der auch dazu. Sehn Sie mal, so ein Blick. *Er demonstriert einen distanzierten Blick, sieht dem anderen dabei in die Augen, entdeckt etwas, erschrickt. Hastig* Ich wollte Sie nur darauf hinweisen, es ist nicht wichtig. Auf Wiedersehn.

Nachbarin Jahn

Lape findet, als er vom Dienst nach Hause kommt, seine Frau und die Nachbarin Jahn vor einer Flasche Eierlikör. Frau Lape versucht, ihrem Mann zu erklären, was Frau Jahn will.

FRAU LAPE Karlheinz, ich hab Frau Jahn schon gesagt, daß du auch nicht kannst, wie du willst.

LAPE Was?

FRAU JAHN Weil wir im selben Haus wohnen.

FRAU LAPE Sie möchte einen Rat von dir, als Kriminalbeamter.

LAPE Ja gern. *Er würgt einen Eierlikör herunter.*

FRAU JAHN Weil wir im selben Haus wohnen.

FRAU LAPE Es ist wegen des Fernsehens, weil er so übertreibt, ihr Mann.

FRAU JAHN Der Junge ist doch genauso. Jeden Sonntag, wenn wir an der Lochmühle aus dem Auto steigen »Eis! Eis! Eis!« Ich sag: »Kein Eis!« Der »Eis! Eis! Eis!« Sein Vater: »Stell das ab!« Dann kauf ich dem Stefan ein Eis, damit das abgestellt wird.

FRAU LAPE Die Kinder sind zu verwöhnt heute.

FRAU JAHN Das ist es nicht. Ich mein die Kontakte. Der Vater, kaum sind wir ein Stück vom Auto weg im Wald, dann dreht er durch, »Wo stehn wir?« Damit meint er das Auto, er hat den Kontakt verloren. Wo stehn wir! Wo stehn wir!

FRAU LAPE Sie meint, der Mann hängt zu sehr an seinem Auto.

FRAU JAHN Nicht nur am Auto! Stereo, Video, Radio. Einmal ist sein Wecker ausgefallen, da kam er nicht aus dem Bett, ohne den Kontakt, klar, und jetzt hat er drei Wecker. Jeden Morgen geht das rund.

Sie imitiert das Summen der Wecker, das mechanische Gähnen des Mannes, und weil Lape und Frau darüber lachen, wiederholt sie die Nummer.

FRAU LAPE Und dann hat es vorige Woche mit dem Fernseher einen Vorfall gegeben.

FRAU JAHN Und wenn er wach ist, Radio an. Wenn er seinen Kaffee trinkt, immer den Blick auf der Küchenuhr. Noch drei Minuten, noch zwei Minuten, noch eine, und dann ab in die Firma zu seinem Computer, und am Abend hängt er vorm Fernseher.

FRAU LAPE Ja und da hat es den Vorfall gegeben.

FRAU JAHN Nur, weil ich mal sehn wollt, was drin steckt in dem Ding, weil mir da, wie ich ihn wieder zuschraube, Kontakte rausgerutscht sind, weil dann das Bild weg war, ist er explodiert, der Mann. Das hat auch sein Gutes gehabt, da hab ich mal gesehn, woran wir sind. Er glotzt auf das weiße Bild. Springt auf. »Wer hat da geschraubt, dem polier ich die Fresse, bist du denn noch zu retten! Ja bist du denn noch zu retten.« Sechsmal! »Ja bist du denn noch zu retten.« Das mein ich.

FRAU LAPE Sie hat Angst vor einer Gewalttat.

FRAU JAHN Das mein ich nicht! Aber man will doch endlich mal wissen, was wirklich dahintersteckt. Zum Arzt will er nicht, kein Wunder, der schneidet ihn auf.

LAPE *der mehrfach ein Glas Eierlikör gekippt hat* Ich überleg mir das, Frau Jahn, vielleicht red ich mal mit ihm. Wenn er wieder ein Bier trinkt beim Walter.

FRAU JAHN Aber Vorsicht. Er merkt was. Ich wollt vorgestern selbst untersuchen nachts. Jetzt schläft er im Wohnzimmer.

LAPE Ich sprech ihn mal an.

FRAU LAPE *mit Frau Jahn zur Tür* Mein Mann spricht ihn mal an.

FRAU JAHN Ja danke. Man müßte ihn einsperren. Abschneiden von den Apparaten. Dann sehn, was er macht. *Ab.*

LAPE *nimmt einen Schluck aus der Flasche* Haben wir nichts für den Magen, mir ist ganz schlecht von dem Eierlikör.

FRAU LAPE Du trinkst doch sonst keinen.

LAPE Ich kann die Frau doch nicht einsperren lassen, eh sie was angestellt hat.

FRAU LAPE Red mit dem Mann, daß er zum Arzt mit ihr geht.

LAPE Wie denn! Ich kenn den doch kaum. Das ist doch ein solcher Idiot, ist kaputt und er merkts nicht.

FRAU LAPE Wie gern hat die früher gelacht, die Frau Jahn.

Jo und sein Vater

Jo ist schon über zwanzig und spielt den ganzen Tag mit seinen Radios. Jo arbeitet an einer Methode, durch Funk seine Feinde heimlich ins Unglück zu stürzen.

SCHORSCH *zu Jo, versucht den Krach der Radios zu übertönen* Stell ab! Das Paulche Geiger ist da! Aus, sag ich! *Will die Radios abschalten. Jo sieht ihn weise an, der Vater weicht zurück.*

PAULCHE *über den Radiolärm* Ich will dich nicht lange aufhalten, also störn, es ist auch nicht deswegen, weil –

SCHORSCH Es war wieder zu laut, Paulche, gell?

PAULCHE Nein, ich wollt nur sagen, daß es nicht wegen mir ist, sondern, daß mir die Lina wieder in den Ohren liegt, mir. Ich.

SCHORSCH Wars dann wieder zu laut?

PAULCHE Nein. Nur Schorsch, wenn sich die Weiber jetzt schon kappele, gell, dann soll sowas doch nicht bedeuten, daß wir uns unter uns Männern uneins werden.

SCHORSCH Ja, wegen was dann, wegen was?

PAULCHE Ja, was fragst du dann noch so dumm, wegen dem Krach dauernd.

SCHORSCH Ich hab dich doch gleich gefragt.

PAULCHE Ja, gleich, gleich. Dann mach doch endlich Schluß, wenn du deim Bankert kein Mores beibringst! *Jo hat die beiden Männer nicht aus den Augen gelassen, jetzt richtet er eine Antenne auf Paulche.*

SCHORSCH Dann sag doch erstmal deim Bankert, daß er unsern Jo in Ruh lassen soll, daß mein Kind nicht jedesmal Spießruten laufen muß, wenn dein

Ralf mit seinen Kumpanen vor der Haustür rumlungert.

PAULCHE Dann soll doch erstmal deiner lernen, sich zu benehmen wie ein Mensch und sich anschließen!

SCHORSCH *verzweifelt* Ja wie dann? Wie dann? *Auf Jo zu, brüllt.* Abstellen sollst du! Morgen kommst du mir in die Anstalt, da kann deine Mutter sagen, was sie will! *Jo richtet eine zweite Antenne auf seinen Vater.*

PAULCHE Das ist doch kein Mensch mehr!

SCHORSCH Komm Paulche, komm, komm, komm! Jetzt machst du aber, daß du rauskommst! Aber schnell!

PAULCHE Finger weg! Und wenn du den nicht abholen läßt, dann lassen wir ihn abholen! Da steht das Haus geschlossen hinter mir! *Jo schaltet, jede Bewegung der beiden Männer aufnehmend, mit größter Konzentration. Erhöhte Lautstärke.*

SCHORSCH Du sollst machen, daß du rauskommst! *Schiebt.*

PAULCHE Du sollst mich loslassen! *Stößt den Schorsch, der wirft sich auf Paul, fällt, bezieht Tritte.*

SCHORSCH Mein Bruch!

PAULCHE *tritt ihn* Krepier doch selbst! *Verlegen.* Schorsch, da warst du selber dran schuld! *Jo stellt die Antenne, die auf Paulche gerichtet war, hoch. Paulche schnell ab. Nur noch ein Radioton.*

SCHORSCH Dafür bring ich den Kerl ins Zuchthaus. Sieh zu, ob du deine Mutter findest! Ich muß ins Krankenhaus. Er ist neu geplatzt. Jetzt lieg ich wieder zwei Monat. *Jo, befriedigt auf den Vater am Boden schauend, immerfort nickend, stellt das letzte Radio ab.*

SCHORSCH Ja. Jetzt stellst dus ab. Jetzt.

Polyp

500 Gramm Kokain sind aus dem Tresor des Präsidiums verschwunden. Hauptwachtmeister Floß, genannt Flosse, ist beurlaubt. Aber er weigert sich, sein Büro zu verlassen. Mit seiner Kakteensammlung auf dem Schreibtisch, Pantoffeln an den Füßen, den Schlafanzug unter der Uniform, hat er sich häuslich eingerichtet.
Flosses alter Freund Lape und Kollege Nemetz wollen den Kranken bewegen, freiwillig in eine Klinik zu gehen.

FLOSSE Ah! Arme! Arme! Gleich zwei Arme und Arm Lape ist mit von der Partie. Wo ist denn unser Köpfchen?
LAPE Köpfchen?
FLOSSE Unser gemeinsamer Kopf. *Zeigt zur Decke.* Unser Kopf von Zimmer vierundvierzig. Der Kopf vom Ganzen. Wo bleibt er?
NEMETZ Der Chef kann selbst nicht kommen.
FLOSSE Ist klar! Ohne Beine!
LAPE Er hat zu tun. Flosse, wie geht's?
FLOSSE Da schickt er die Arme. »Der Kopf hockt still in seinem Haus, er schickt nur seine Arme aus. Der Polyp.« Kapelle Tusch.
NEMETZ Laß mal heut den Quatsch, Kurt. Wenn der Chef schon extra deinen alten Freund Karlheinz Lape geschickt hat.
LAPE Ich bin von mir aus gekommen, Flosse.
FLOSSE Von dir aus, von mir aus. Lape, alter Arm.
NEMETZ Der hat wirklich was Besseres zu tun, der Karlheinz Lape.

LAPE Es wär doch wirklich das Richtige für dich, du gehst mal, von dir aus, in eine Klinik und läßt dich untersuchen.

NEMETZ Genau! Läßt dich behandeln, dann kommst du wieder zu uns.

LAPE Nur mal untersuchen.

NEMETZ Damit man mal weiß, was in deinem Kopf vorgeht.

FLOSSE Ich hab kein Kopf. Ich bin nur Arm. »Glotzauge des Gesetzes wacht, mit tausend Armen fuchtelt durch die Nacht, der Polyp.« Kapelle Tusch.

NEMETZ Darüber haben wir schon vor zehn Jahren herzlich gelacht.

LAPE Das geht nun doch wirklich nicht, Flosse, das siehst du ein, daß ein Beamter in seinem Dienstzimmer haust wie daheim. Du bist krank. Wir kümmern uns schon um deine Kakteen.

NEMETZ Wir können dich doch nicht abführen lassen. *Beide, die bisher abwartend in der Tür gestanden haben, machen im gleichen Moment einen Schritt auf Flosse zu.*

FLOSSE *zieht die Pistole* Zurück! *Lape und Nemetz heben gleichzeitig gleichfömig die Hände.* Aha! Kopf sieht mit!

Im Folgenden sollte ein Vorgang sinnfällig werden, der, auch hier immer nur eine Minute lang, ebenso im Zentrum der Szenen SELBSTBEDIENUNG, MUTABOR, WALDO, HELSINK steht. Der Verrückte erzeugt, ohne sich als Erzeuger zu erkennen, bei den andern eine verrückte Reaktion, die er, weil er sie momentan wiederholen kann, als Beweis demonstriert, daß er eine Wirklichkeit entdeckt hat, die andere nicht sehen. Der Zuschauer soll, was nur im

Medium der Szene möglich ist, zugleich wahrnehmen, daß die bedrohten Polizisten unmittelbar reagieren, doch auch sich vorstellen, daß diese Abwehrbewegungen von einem imaginären Lenker erzeugt werden. Ich gebe dem Vorgang, um zu zeigen, daß er mir bei aller Kürze wichtig ist, einen Namen und nenne ihn mal den »Waldo-Effekt«. Jetzt geht's weiter mit Flosse.

FLOSSE Unser Polypenkopf, hockt da oben! *Zeigt mit der Pistole zur Decke. Lape und Nemetz gleichzeitig gleichförmig auf ihn zu.* Zurück! *Pistole, Lape und Nemetz zurück.* Und zappelt, als wär er dabei.

NEMETZ Mach kein Quatsch, Kurt, mit der Dienstpistole.

FLOSSE Keine Angst, ich schieße nicht auf Arme. »Hast du ihm einen Arm abgeschlagen, schickt er zehn im Mannschaftswagen, der Polyp.« Aber mich knall ich ab. Ihr habt mich abgehackt und abgehackt, ich habs satt, hier allein im Büro herumzuzucken, ein Arm macht Schluß. *Pistole an die Schläfe, Lape und Nemetz heben beschwörend die Hände.* Aha! Interessant. Unser Kopf hat was dagegen. Perspektive der Wissenschaft. Reaktionstext Polyp Nr. 2. *Pistole an die Schläfe, Lape und Nemetz stöhnen.* Er wills nicht. *Pistole an die Schläfe.*

LAPE UND NEMETZ *winden sich* Nein, nein, nein!

FLOSSE Polypenballett. *Läßt die Pistole sinken.*

NEMETZ Wir sind doch nicht deine Hampelmänner, du Irrer.

LAPE Ruhig, Nemetz.

NEMETZ Ist doch wahr! Dauernd hat man Angst, daß hier Publikumsverkehr reinkommt und sieht den im Präsidium in Pantoffeln, der Chef läßt ihm das Angebot machen, daß wir das unter uns regeln, –

FLOSSE »Notfalls wird Tinte ausgesprüht, wodurch im Nebel niemand sieht, den Polyp.«

NEMETZ »Polyp«, du Knallkopp, du bist doch selber Polyp, und die Kollegen reitet er in die Scheiße, ich hab keinen Schnee abgezweigt. *Flosse hält sich die Pistole unters Kinn.*

LAPE So gehts schon gar nicht, Nemetz. Niemand hat Schnee abgezweigt. Alte Flosse. Alte Flosse, du bist überarbeitet! Wer will denn auf deine humoristischen Vorträge verzichten! Sieh das doch mal ein! Du bist mit den Nerven runter!

FLOSSE Lape, Karlchen Lape, wie er leibt und lebt. Alter Greifer. Karl, mir gehts beschissen. Ich seh überall Tentakel, Tentakel! Überall kommen die Arme aus der Wand und ich seh den Kopf nicht, weil der sich weigert, persönlich zu erscheinen. Karlchen, ihr habt mich ausgeklammert und jetzt sollt ihr mich einwickeln. *Die Pistole ist ihm heruntergesunken und wird von Nemetz, der sich seitlich herangemacht hat, weggerissen.*

NEMETZ Aus die Maus. Keiner will dich einwickeln. Mach doch erstmal Urlaub. Vater Staat bezahlts, dann gehörst du wieder zu uns.

FLOSSE »Wenn er nicht von vorne kann, packt er dich von hinten an, der Polyp.« Narhallamarsch! *Hält die Hände hin.* Jetzt tritt die Schließkette in Gebrauch. Ich nehms euch nicht übel, euch sind die Hände ja auch gebunden. Ich wollt doch nur, daß der Chef mal persönlich kommt.

LAPE Er hat wirklich heut keine Zeit. Komm, geh freiwillig in eine Klinik. Und bitte zieh dir endlich Schuhe an. Man kanns nicht mit ansehen.

III

Gardinen

Tagelang schon steht der Untermieter ganz eingehüllt in Gardinen auf einem Stuhl und stößt ein mechanisches Knirschen aus. Die Zimmerwirtin ist ratlos. Zufällig kommt der Gasmann. Er soll sich das mal ansehen.

GASMANN Wo kommt denn das Geräusch her?
WIRTIN Das macht er selbst.
GASMANN Aber wie denn, das hört sich doch an. Mit was macht er denn das?
WIRTIN Das weiß ich auch nicht.
GASMANN Dann wickeln wir ihn aus!
WIRTIN Das geht nicht! Es tut ihm weh, wenn man dranfaßt. Es hat was mit der Haut zu tun, weil er dann immer stöhnt. *Der Gasmann faßt an die Gardinen, fremdartiges Stöhnen, er faßt nochmal, Stöhnen. Er sieht die Wirtin an, dann den Gardinenmensch.*
GASMANN Sind das Ihre Gardinen?
WIRTIN Ich weiß nicht.
GASMANN Ja, haben Sie die gekauft oder nicht?
WIRTIN Ich glaube, die sind von mir, dann muß er sie mir auch bezahlen.
GASMANN Erstmal wird ihm das Gas abgestellt.

Das Bein

Später Abend. Wohnzimmer. Ein altes Ehepaar sitzt sich gegenüber.

MANN Ja dann wollen wir mal. *Er will sich erheben, setzt sich wieder. Das Paar sieht sich erschrocken an.*
FRAU Was ist? *Pause.*
MANN Nichts.
FRAU Ist es wieder eingeschlafen? *Sie steht auf.*
MANN Ja. *Beide beobachten lange das Bein; die Frau weint.*

Gessner alias Mandelstamm

Kriminalkommissar Lape verhört ein verdächtiges Subjekt.

LAPE Nie gehört? Gessner? Kann ich mir denken. Und wie ists mit *brüllt* Mandelstamm?

FRAU SEIDEL *weint* Ich weiß doch nicht.

LAPE Aber wir wissen. *Papier.* Hier das sind ihre Fingerabdrücke, die wir gestern gemacht haben. Und das sind die von Frau Gessner alias Seidel alias Mandelstamm aus unserer Kartei. Auf den Fotos ist eine andere Frau. Wer sind Sie? Wir warten. *Der Assistent tritt plötzlich an die Frau heran, zieht sie vorsichtig am Haar, zieht dann ruckartig an ihrer Nase.*

FRAU SEIDEL Was ist das?

LAPE Was ist das? Wahnsinnig?

ASSISTENT Plastische Chirurgie, dacht ich vielleicht.

LAPE Entschuldigung, Frau Seidel, oder Frau Gessner, sowas ist hier nicht üblich Das hat ein Nachspiel. So ein Rindvieh. Peinlich. *Faßt plötzlich wie unter einem Zwang der Frau auch an die Nase. Erschrocken.* Entschuldigung! Was ist hier nur los? Jetzt dreh ich auch schon durch.

Juhanni

Juhanni hört in seinem Gehirn, mal deutlich, mal undeutlich, eine Stimme, die ihn anleitet, einen Mord zu begehn. Vor Juhanni liegt ein alter Mann, gefesselt. Juhanni glotzt. Plötzlich kriegt er einen Stoß.

JUHANNI *mit fremder Stimme* Jetzt mach, daß du das Messer da heraus hervorziehst! *Er zieht ein Klappmesser.* Auseinanderziehen! Also aufklappen! Aus dem Griff heraus. Mensch, das eigentliche Messer, oder wie man das nennt, aus dem Griff herausklappen! *Juhanni klappt das Messer auf.* Herrgott, endlich! *Mit gewöhnlicher Stimme.* Was heißt hier Herrgott? *Stoß. Fremde Stimme.* Jetzt mach ein Ende! Vollkommen! Jetzt machs! *Gewöhnlich.* Haha, der hat »metzt machs« gesagt! *Stoß. Gewöhnlich.* Da wird man doch noch lachen dürfen! Metzt! Metzel, metzel, metzel, haha! *Stoß. Fremd.* Achtung durchstellen zur Zentrale! *Gewöhnlich.* Hier ist Juhanni! *Fremd.* Dann aber mal vorwärts! *Gewöhnlich.* Thesiger, ich habe hier dauernd Gigo Effekt mit Schwimmen! *Horcht.* Dann soll der Alfredo nachstellen! *Juhannis Blick verschwimmt. Benommen.* Ich erinnere mich von ferne an das Messer! *Juhanni betrachtet das Messer. Gewöhnlich.* Was dringt da durch zu mir? Das sind doch Löcher! Vermeintliche Punkte! Pünktchenförmig aus meinem schönen Chrom quetscht sich da unverschämt das schwarze Eisen in den Vordergrund! *Fremd.* Umkehrn! Es wird Ersatz geschickt! *Gewöhnlich.* Da kann ich doch nichts dafür! Dann machts *spricht schwer* halt der Thesiger *schläft ein* selbst zu Ende.

Starkstrom / Total verwandelt

Lape verfolgt einen Fall, der ihn nichts angeht. Er hat sich den der Brandstiftung verdächtigen Schreiner Weiß zur Vernehmung bestellt.

LAPE »Man fühlt sich als anderer Mensch. Total verwandelt.« Davon erzählen Sie mal.

WEISS *Stirnverband, apathisch* Von was?

LAPE *tut gleichgültig* Ist ja vielleicht ganz unwichtig, aber diese Aussagen stehen in dem Bericht meines Kollegen Jung. »Die vielen Stimmen schweigen, wenn die eine Stimme erklingt und spricht: Steh auf und wandele.« Na ja – »Einmal wird jeder wach« – Das wars auch nicht. Aber hier: »Du wandelst unter glühender Sonne, die Sonne brennt dir aufs Haupt – « Damit meinen Sie wahrscheinlich den Stromschlag, oder Ihren brennenden Kopf, oder die Operationslampe – »Du wandelst du wandelst dich ab, du bist schon total verwandelt« – Ja hier! »Man fühlt sich als anderer Mensch, total verwandelt – und dann ist das Tor zu!« Das haben Sie gesagt.

WEISS Nein.

LAPE Nein? Interessant! Was war denn das für eine Stimme, die Ihnen sagte »Steh auf!«

WEISS Stimme gibts nicht. Ich war allein in der Werkstatt.

LAPE Könnte ja auch im Krankenhaus gewesen sein? Hörn Sie, Herr Weiß, ich will die ganze Brandstiftung vergessen –

WEISS Es war ein Unfall.

LAPE Genau. Wenn Sie mir sagen, was man da im Krankenhaus mit Ihnen gemacht hat. Was heißt das

»Total verwandelt«. Ganz klar, Sie können sich nur schwer erinnern, Sie wirkten benommen, sagt der Jung. Aber versuchen Sies, dann red ich mit meinem Kollegen wegen der Brandstiftung.

WEISS Kann schon sein, daß ich sowas gesagt habe.

LAPE Was?

WEISS Sowas in der Art.

LAPE Was? *Telefon klingelt, Lape nimmt ab.* Der Chef? Schon vier? Moment noch. *Legt ab.* Was in der Art? Total verwandelt? *Helsink vorsichtig herein.* Wars das?

WEISS Was?

LAPE Haben Sies gesagt oder nicht!

WEISS Keine Ahnung.

LAPE Herr Weiß, hier stehts im Bericht »Anderer Mensch. Total verwandelt«, und Sie können mir das bestätigen und erklären! Wir können auch anders. Ihre Maschinen warn nicht bezahlt, Sie haben an der Starkstromleitung rumgefingert!

WEISS Das einzige, was gebrannt hat, war mein Kopf. Das ist keine Brandstiftung.

HELSINK Ich bitte um Entschuldigung, daß ich hier reinkomme, aber es ist schon viertel nach. Um was geht es denn?

LAPE Hat im Krankenhaus ausgesagt, Bericht von Kommissar Jung: »Man fühlt sich als anderer Mensch. Total verwandelt.« Und jetzt streitet er das ab.

WEISS Und wenns Brandstiftung war, hier ist die Mordkommission, und tot ist keiner.

LAPE Keiner tot. Sie warn tot! Theoretisch.

WEISS Das geht euch doch gar nichts an.

HELSINK Sie können erstmal gehn. Was uns angeht, das entscheiden immer noch wir. *Weiß ab.* Das geht

Sie doch gar nichts an! Was treiben Sie denn da? Sie sind ja wirklich urlaubsreif! Entschuldigung. Ich werd auch nervös. Wir sind schon in die Regenbogenpresse gelangt mit Ihrer Ronny Dürr. Sie verbringen Ihre Zeit damit, einen kleinen Brandstifter zu dem Geständnis zu erpressen, daß er irgendwann mal gesagt hat »Ich fühl mich wie neu geboren«.

LAPE Total verwandelt.

HELSINK Total verwandelt. Total verwandelt. Bitte schön.

LAPE Hängt alles zusammen.

HELSINK Kindermord Brandstiftung.

LAPE Hängt alles zusammen.

HELSINK Ach was.

LAPE Der Mann hat einen Starkstromschlag überlebt.

HELSINK Ich kehr wirklich ungern den Vorgesetzten heraus.

LAPE Hängt alles zusammen.

Hallomensch

Paßstelle. Die beiden Beamten wollen gerade nach Hause gehn.

ERNST Der zehn nach ist weg ... Nimmst du mich mit, Hansherbert? *Zum Telefon, er wählt.* »Unter dieser Nummer kein Anschluß«, das darf doch nicht wahr sein. *Schreibt in eine Akte.*

HANSHERBERT Richtig wählen, da ist so ein Knopf, so ein weißer, da unten.

ERNST Das ist mir bekannt mit dem Knopf, das kannst du mir glauben, Hansherbert. Sowas gibt es doch nicht, die eigene Nummer und kein Anschluß.

HANSHERBERT Was, die eigene Nummer kein Anschluß, vielleicht gesperrt!

ERNST Alles bezahlt, von wegen gesperrt, da ist dauernd was los, das Telefon dauernd kaputt, mal piepts nur, dann dauernd besetzt *imitiert* »kein Anschluß unter dieser Nummer – kein Anschluß unter dieser Nummer –«

HANSHERBERT Tut das weh? Ich arbeite. Hast du auch richtig gewählt?

ERNST Jetzt ist besetzt. Was macht die? *Ein Mann tritt ein. Laut* Was will der?

HANSHERBERT *laut* Laß nur, wir haben Dienstschluß. Wozu steht sonst draußen an, wann Dienstzeit ist.

ERNST *mit Handbewegung* Dienstschluß! *Mann geht ab.* Der hat einen auffälligen Eindruck gemacht. Vielleicht wollte der was melden. Nachher ist was passiert!

HANSHERBERT Wir sind die Paßstelle.

ERNST Hallo! Mensch! Kommen Sie nochmal her! *Holt den Hallomensch zurück.* Wenn Sie hier was melden wollen, dann müssen Sie in das Haus nebenan gehn, wir sind hier die Paßstelle.

HANSHERBERT Guten Abend! Bei uns wird gegrüßt beim Betreten des Raums, oder sind Sie vielleicht stumm! *Hallomensch Gebärden.*

ERNST Du, der ist vielleicht wirklich stumm. Sind Sie, können Sie, ich meine hier – *zeigt auf seinen Mund* daß da was, mit Schwierigkeiten *bewegt den Mund* verbunden, in dem Fall können Sie bitte Zeichen geben, durch Bewegung, also Nicken. *Er macht Nicken vor.* Also, ist das der Fall? *Er nickt, Hallomensch glotzt.*

HANSHERBERT *wütend* Ist das der Fall oder nicht? Antwort! *Er macht gleichfalls Nickbewegungen, auch Ernst nickt, Hallomensch wiederholt im Reflex.*

ERNST Aha.

HANSHERBERT Daß Sie die Unfähigkeit zu sprechen haben, ist das der Grund, aus dem Sie hier auf der Dienststelle erschienen sind?

ERNST Das ist doch unwichtig. Haben Sie einen Unfall gehabt? *Macht automatisch Nickbewegungen, Hallomensch wiederholt.* Ist es eilig? *Nickt erwartungsvoll, auch Hallomensch nickt.* Aha, eilig, dann schnell, wo ist die Unfallstelle?

HANSHERBERT Das ist doch Blödsinn, wie soll einer bei wo nicken.

ERNST Bei wo?

HANSHERBERT Haben Sie einen Unfall hier in der Nähe gehabt? *Nickt erwartungsvoll, Hallomensch nickt.*

ERNST Was ist passiert?

HANSHERBERT Ernst, bitte! *Hallomensch nickt.* Man muß die Frage so stellen, daß nur mit Ja oder Nein geantwortet werden kann. Ist etwas passiert? *Gemeinsames Nicken.* Na, also. Ist ein Verbrechen begangen worden? *Gemeinsames Nicken.* Wir kommen der Sache schon näher.

ERNST Eben hat er doch gesagt, daß er einen Unfall gehabt hat, ich meine zu verstehen gegeben.

HANSHERBERT Also, dann soll er machen, daß er auf die Wache kommt.

ERNST Wir können Ihnen hier nicht helfen. Wenn Sie aus dem Haus kommen, schräg gegenüber – *Hallomensch bleibt glotzend stehen. Leise* Weißt du was, der ist taub.

HANSHERBERT *verlegen, leise* Dann ist auch erwiesen, warum der so Aussagen macht, die widersprüchlich sind. Schriftlich befragen!

ERNST Komm, ich bring ihn lieber rüber, vielleicht eilts.

HANSHERBERT Wart das wär ja noch schöner. *Schreibt auf einen Zettel.*

ERNST *liest* »Schreiben.« Besser wär: »Hier schreiben«, oder noch besser »Hier bitte schreiben.«

HANSHERBERT Dann machen wirs doch gleich richtig! *Schreibt und liest.* »Sind Sie beteiligt als Zeuge, Opfer, Täter an einem Unfall oder Verbrechen?« Was gibt's denn für Verbrechen?

ERNST Mord! *Leise.* Kraftfahrzeugdiebstahl.

HANSHERBERT So genau brauchts nicht zu sein! »Nichtzutreffendes streichen.«

ERNST Besser »Zutreffendes ankreuzen«, weil es ja weniger ist, was er ankreuzen muß, als was er nicht ankreuzen muß. *Hallomensch glotzt auf den Zettel.*

ERNST Der kann auch nicht lesen. Wenn da irgendwas passiert ist, und wir sind dran schuld, wenn da einer abhaut oder ist schwer verletzt, – ich bring ihn rüber. *Wirft den Zettel weg, wütend.* Und alles wegen diesem Vollidiot. *Brüllt.* Und dauernd diese Flüsterei!

HANSHERBERT *brüllt* Wahrscheinlich ist der doch einfach besoffen, oder Drogen. Hauchen Sie mich mal an! *Er macht vor, wie man haucht.*

ERNST Hier! Machen Sie mal! *Macht motorische Alkoholtests vor. Hallomensch besieht die beiden Mimen.* Was grinst du denn so blöd! Paß auf, daß du nicht eine geflammt kriegst, eh du dich umguckst, du dummer Hund, für Irre haben wir hier nichts übrig. Ein gemeingeführlicher Irrer ist das doch!

HANSHERBERT Wer weiß, was das für einer ist. Wir bringen ihn rüber, denn vorhin bei der Frage nach dem Verbrechen, da hat er genickt.

ERNST Paßformulare klauen!

Sie packen den Hallomenschen am Arm, er wehrt die Männer unruhig ab, durch eine kleine Bewegung stößt er sie weit von sich.

ERNST Was soll das heißen, auch noch Widerstand – *Schlag mit dem Lineal* leisten.

HANSHERBERT Notfalls wird von der Dienstwaffe Gebrauch gemacht.

Beide Beamte werfen sich auf den Hallomensch. Dieser schleudert sie mit einem kurzen Ruck, in dem ungewöhnliche Kraft zu sein scheint, zu Boden.

ERNST *liegend* Aha! Hast du das gesehn! *Der Hallomensch macht eine Geste, als wolle er Ernst aufhel-*

fen. Ernst mit Pistole. Kein Schritt näher! Stehenbleiben! *Hallomensch näher.*

HANSHERBERT *liegend* Schieß doch! Schieß doch!

ERNST Stehnbleiben! *Er schießt. Der Hallomensch fällt hinter den Schreibtisch.*

HANSHERBERT *langsam* Wie ist das, wenn er taub ist, hat er deinen Anruf nicht gehört, das ist doch das Problem! *Verkriecht sich in Schreibarbeit.*

ERNST *vorsichtig an den Hallomensch heran* Das kannst du bezeugen, daß der angegriffen hat, falls ich ihn voll erwischt habe, sonst wär der uns durch die Lappen gegangen.

HANSHERBERT Ich weiß eben nicht, wie das liegt, wenn der Flüchtige taub ist.

ERNST *untersucht* Herzschuß! *Pause.* Aber lebt noch! *Pause.* Du! *Richtet sich auf, mit dem Ausdruck des Grauens.* Sieh dir mal die Augen an! Sieh dir mal die Farbe an, die der plötzlich in den Augen hat.

IV

Kaputter Mann

An einer Straßenecke fällt ein Mann in unordentlicher Kleidung dadurch auf, daß er für sich tanzt und seine Aktenmappe herumschwenkt. Leute bleiben stehen.

KAPUTTER MANN *zu einem Passanten* Du bist praktisch, du bist die Lederhose aus Gummi. Verklemm dich nur nicht in deinen Reißverschlüssen, wenn du dich auf und zu macht, du lichtscheues Gesindel. Da mach ich mich erst gar nicht auf. – Junge, gibs doch zu, du bist doch abwaschbar, und die Madam ist auch abwaschbar. *Die Dame wendet sich ab.* Reaktionsgeschwindigkeit! Plastikware ist abwaschbar. Ich bin kaputt und ihr seid voll in Ordnung, ja, da wird gelacht, aber ich lache über euch. *Zu einem Mann mit Aktentasche.* Da hält er sich an seiner Aktentasche fest, damit er in Betrieb bleibt. Ich bin nämlich kaputt und ihr seid in Betrieb. Gib doch mal her die Tasche. *Auf den Mann zu, dieser sofort ernst zurück.* Aha! das war die Testreihe! Reaktionsgeschwindigkeit. Hier meine Tasche! *Auf einen anderen Passanten zu, dieser sofort ernst zurück.* Ich geb sie dir! *Zu einem Dritten.* Nimm sie! *Die Passanten zerstreuen sich.* Reaktionsgeschwindigkeit! Achtzig Punkte. *Fällt hin.*

Auch einer von denen

Schrader hält seinen Bekannten Rott auf.

SCHRADER Rott, geben Sie's doch zu! Sie sind doch auch einer von denen?
ROTT Was ist los?
SCHRADER Sie sind auch einer von denen!
ROTT Was denn? Was denn?
SCHRADER Ich sage, daß sie auch einer von denen sind.
ROTT Was soll denn sein, Schrader? Ich hab doch nichts gemacht!
SCHRADER Sehn Sie!
ROTT *ängstlich* Von denen! Von denen! Von wem denn?
SCHRADER Sehn Sie! Typisch!

Blick

Ein Herr teilt einem Bekannten, den er auf der Straße getroffen hat, eine Entdeckung mit.

HERR Man sieht das am Blick, da müssen Sie drauf achten, und sich in acht nehmen, wenn so ein Blick da ist, da heißts aufgepaßt, dann gehört der auch dazu. Sehn Sie mal, so ein Blick. *Er demonstriert einen distanzierten Blick, sieht dem anderen dabei in die Augen, entdeckt etwas, erschrickt. Hastig* Ich wollte Sie nur darauf hinweisen, es ist nicht wichtig. Auf Wiedersehen.

Asservaten 1

Kriminalkommissar Lape hat Urlaub genommen. Auf dem Wohnzimmerteppich, wie Schachfiguren aufgebaut, mit Zetteln markiert, Asservaten, Beweisstücke verschiedener Fälle. Teil einer Ampel, ein Telefon, ein Megaphon, ein Hutkoffer, eine Dachantenne, ein anatomisches Gehirnmodell, eine Frisierhaube, ein Sturzhelm, eine Bestrahlungslampe, Axt, Fernsehgerät, Werkzeuge, die, um Spuren zu sichern, auf Bretter montiert sind.

FRAU LAPE *freundlich* Du mußt doch auch mal ausspannen.

LAPE *freundlich, zerstreut* Du willst den Fernseher?

FRAU LAPE Wenn du schon deinen Urlaub nimmst.

LAPE Du willst den Fernseher?

FRAU LAPE Ich versteh aber auch wirklich nicht, was unser Fernseher mit deinen Fällen zu tun haben soll.

LAPE Unser Fernseher hat nichts damit zu tun. Unser Fernseher hat wahrscheinlich wirklich nichts damit zu tun, ich muß diese Sachen nur alle mal vor mir haben. Irgendwas steckt dahinter, aber ich kriegs nicht auf die Reihe. Noch fünf Minuten, bitte noch fünf Minuten.

Frau Jesus

Frau Gast steht in der Haustür. Frau Stumm kommt vom Einkaufen.

FRAU STUMM So, Frau Gast, auch mal wieder zu Hause.

FRAU GAST Ja, auch zu Hause.

STUMM Das ist doch schön, von Ihrer Schwester.

GAST Ja, schön.

STUMM Daß sie Ihnen Ihr Zimmer gehalten hat, bis Sie wieder rauskommen. Das ist schön.

GAST Ja, danke.

STUMM Und jetzt sind Sie raus.

GAST Ja, danke.

STUMM Die Haustür machen wir besser zu, bei diesen Zeiten. Die Tür können wir doch zumachen?

GAST Ja, bitte.

STUMM Die Tür!

GAST Ja, bitte.

STUMM Oder wollen Sie noch raus?

GAST Ja, bitte.

STUMM Oder rein?

GAST Ja, bitte.

STUMM Oder haben Sie noch Angst, rauszugehen, noch Angst, am ersten Tag, Angst?

GAST Angst?

STUMM Ja, ob Sie noch ein bißchen Angst haben, rauszugehen?

GAST Nein, die Angst hat man mir genommen.

STUMM Das ist doch gut. Das kann man heute. Das ist die Medizin. Man nimmt die Angst. Man nimmt Tabletten gegen die Angst.

GAST Die Angst, die schwimmt im Landwehrkanal. In tausend Stücken schwimmt sie davon, meine Angst.

STUMM Das ist aber doch gut, wenn sie weg ist, die Angst. Wie lange warn Sie jetzt dort drin?

GAST *zeigt ein Glas mit Tabletten* 2421 Tabletten.

STUMM Die nehmen Sie immer noch?

GAST Als Kalender und als Uhr, damit ich weiß, was es geschlagen hat, andernfalls ich zurückgeholt werde in den Saal.

STUMM Hauptsache, daß Sie das alles nicht mehr müssen wie früher.

GAST Früher?

STUMM Wie früher vor der Tür stehn und warnen, warnen vor dem Weltuntergang, vor dem gelben Wasser. Daß man das nicht muß. Das ist doch gut.

GAST Gut.

STUMM Und kämpfen gegen die Gleißner und Heuchler und Verschwender. Daß man das nicht mehr muß. Das ist doch gut.

GAST Ja. Gut.

STUMM Und die Tische umwerfen, der Händler. Das ist doch gut. Daß man das nicht mehr muß und bestraft wird dafür.

GAST Ja, gut. Danke.

STUMM Und daß man das alles nicht mehr sein muß.

GAST Sein? Was?

STUMM Daß man nicht mehr Frau Jesus sein muß.

GAST Frau Jesus, das bin ich nach wie vor.

STUMM *deren Freundlichkeit schlagartig aufhört* Frau Jesus, das sind Sie nach wie vor? Ich dachte, Sie nehmen Tabletten?

GAST Ja, damit Frau Jesus innen bleibt.

STUMM Frau Jesus, das sind Sie nach wie vor!

GAST Frau Jesus bin ich nach wie vor, aber wem nützt das jetzt noch.

STUMM *scharf* Dann gehn Sie also heute nicht mehr raus? Dann können wir die Tür zumachen?

Asservaten 2

Lapes Urlaub wurde verlängert. Frau Lape und Kommissar Jung im Gang. Lape in seinem Museum. Er betrachtet mit einer Lupe einen durchsichtigen Aschenbecher.

FRAU LAPE *leise* Wie sieht das Ding denn aus?

JUNG *leise* Ein Plastikschlauch, ungefähr vierzig Zentimeter lang, wahrscheinlich noch in der Plastiktüte verpackt. Der Schlauch gehört zu einem ganz anderen Fall, Ihr Mann kriegt nur Schwierigkeiten, wenn rauskommt, daß er das Stück mitgenommen hat.

FRAU LAPE Herr Jung, mir wär lieber, ich hol das selbst raus. Ich hab Angst, daß er sich wieder so aufregt. Bei dem ganzen Kram, den er gesammelt hat, merkt ers vielleicht nicht.

JUNG Das wär mit auch lieber, Frau Lape. Wie gehts ihm denn sonst so? *Lape betrachtet die Lupe.*

Mutabor

Rita besucht Lanz, ihren Mann, im Irrenhaus. Lanz leidet unter Anfällen von Angst. Die Ärzte wollen, weil Schocks nicht helfen, mit einer Operation dagegen vorgehen. Lanz will das nicht. Rita soll ihre Unterschrift verweigern. Lanz im Morgenmantel. Mit der linken Hand hält er die rechte umklammert.

RITA Dann laß dich behandeln.

LANZ »Dann laß dich behandeln! Dann laß dich behandeln!« Automat!

RITA Wer?

LANZ Du!

RITA Ich?

LANZ Vollautomat!

RITA Vollautomat wegen mir, aber du bist ein Versager!

LANZ Gottseidank, sonst wär ich nicht hier.

RITA Und deswegen wirst du operiert!

LANZ *zittert, lacht.*

RITA Aber was soll ich denn machen, Chico, was soll ich denn nur machen, wenn der Doktor meint, es sei für dich das Beste, daß dir endlich die Angst genommen wird.

LANZ Ich laß mir die nicht abnehmen. Jammer nicht, ich weiß ja, was die mit dir anstellen. Ich verbiete dir die Unterschrift. Also bitte Rita, Chiquita, bitte gib sie nicht. Die wollen mich fertig machen, aber ich bin unfertig, alle sagen: »Sieh zu, daß du wieder in die Reihe kommst, wieder unter Selbstkontrolle kommst, dann hören auch die Schmerzen auf.«

RITA Ja.

LANZ Weil die wissen, daß sonst die Sache platzt.

RITA Was platzt?

LANZ Was das Syndikat anstellt seit Jahrhunderten mit Tausenden. *Die rechte Hand macht sich frei, umklammert die Kehle, die linke zieht sie wieder herab.* Das platzt hochkant. Die Soße kommt hoch. Der Kanal läuft über. Ich geb euch »hirnrissig«. Ja, bitte, wegen mir »hirnrissig«. Die Erde reißt auf! Kugelrisse in der Rinde. *Wieder Kampf mit der Hand, die ihn am Sprechen hindern will.* Ich bin hirnrissig! Aber durch die Risse, da seh ich durch, da seh ich hinein hinaus hinein.

RITA Dann laß dich behandeln.

LANZ *zittert, lacht* Und ich reiß mich nicht mehr lange zusammen, ich schwörs, ich platze und wenn ich platze, dann kommts raus, dann pack ich aus, aber dick. *Zittert. Lacht. Kampf mit der Hand.* Da, sieh dir die Hand an. Die wollen mir das Maul stopfen. Ich will durch. *Windet sich vor Entsetzen. Kichert.* Wenns nur nicht so kitzeln würde. Ich kann mich nicht kratzen, sonst geht mir die Hand an die Kehle.

RITA Dann laß dich doch behandeln!

LANZ Jajaja, du bist auch eine von denen. Nein sag ich! Ich weigere mich, der Mutabor zerplatzt.

RITA Das Wort gibts nicht, Mutabor, es heißt »Ich werde verwandeln«, nicht »Der Verwandler«. Das sagt der Professor selbst.

LANZ Ja, der Herr Professor Selbst. Natürlich. Der Erfinder der Selbstkontrolle, was meinst du, was der verdient, wenn er uns allen, weil wir sie verloren haben, die Selbstkontrolle wieder andreht, als Vertreter des Syndikats. Wir leben in der Zukunft. Kalender sind Tarnung. Die Zeit vergeht schneller als du denkst. Bei mir haben sie einen Fehler gemacht. Ich bin der Reihe nach umgewandelt worden, nämlich nach der Reihe 3, 6, 12, 18, 24. Mit drei am Küchentisch. Mit sechs an der Schulbank. Mit 12 auf der höheren Schulbank. Mit 18 im Hauseingang und mit 24 am Bankschalter, durch Bankschaltung. Aber wie sie versucht haben mich ganz anzuschalten, haben sie mich aus Versehen ganz kurz ausgeschaltet, da bin ich ausgefallen als Angestellter – Halt mir die Hand, Rita – Da hab ich den menschlichen Anschluß zu den Kollegen verloren und irrte einsam durch die Straßen und mein Herz war so verlassen. Wenn du mich nicht verstehst, versprech ich dir, was ich dir sagen will, sagt mein Klavier. *Lacht und zittert.*

RITA *versucht zu lachen* Aber warum soll das denn ausgerechnet mit dir gemacht worden sein?

LANZ Es wird mit allen gemacht.

RITA Und ausgerechnet du bist draufgekommen.

LANZ Tausende sind draufgekommen. Die Welt wimmelt doch von Robotern, die ausgefallen sind und Angst haben und draufkommen, daß sie Roboter sind, weil sie kaputt sind und Angst haben. Plötzlich halten sie dich an und machen ihre sachdienlichen Hinweise, dadurch erwischt man sie, locht sie ein, damit sie entstört werden, weil sonst zuviel rauskommt.

RITA Aber das muß doch ein irrsinniges Geld kosten.

LANZ Das muß auch ein irrsinniges Geld kosten, denn dafür ist das Geld ja da, daß es was kostet.

RITA Bei dir ist eine Schraube locker.

LANZ *zieht die Hand weg* Eine Schraube? Na hör mal! Alles ist locker bei mir, alles kaputt, die müssen mich total verwandeln. Die wollen mich mit der roten Gummipfote packen und von vorn reinschieben in Block B, in den Mutabor, deswegen sollst du unterschreiben. Ich muß aber von hinten ran, sonst erkenn ich ihn nicht, ich muß durch den Park, durchs Fenster. Wenn du von vorn auf den Mutabor zukommst, dann erkennst du ihn nicht, er sieht aus wie das Fenster, durch das man den Park sieht, alles perfekt weggespiegelt. So sind unsere Positronengehirne konstruiert. Wenn der Mutabor uns riecht, schaltet sich der Verzerrer ein und der Zerhacker. Prompt bin ich total zerstreut, kann keinen Gedanken fassen. Die Welt in Fetzen.

RITA Dann laß dich behandeln.

LANZ *plötzlich hinterhältig, demonstrativ* Mir gehts nicht gut.

RITA Dann laß dich behandeln.

LANZ *demonstrativ* Ich halts nicht mehr aus.

RITA Dann laß dich behandeln.

LANZ *ironisch* Tolles Programm. Sehr einfallsreich. Mittelwelle. *Eindringlicher, aber weiterhin verstellt.* Ich glaub, ich dreh wirklich durch, Rita.

RITA Dann laß dich aber doch wirklich behandeln, Heinz.

LANZ *brüllt höhnisch* Bravo! Bravo! Man ändert das Programm! Man wird freundlich! »Heinz« fast echt. Drittes Programm.

RITA *weint*

LANZ Rita, hör auf. Ich mein doch nicht dich! Ich wollte dir doch nur mal vorführn, wie sie das anstellen mit dir. Das muß doch wehtun, wenn man immer nur den einen Satz hat. Hör auf zu weinen. Es war nur die Testreihe Lanz Zwei. Reaktionsversuch. Hör auf. Komm ich zeig dir was, den größten Automaten aller Zeiten. Der Willi Wernicke sagt immer, der größte Automat wäre das Polizeipräsidium, wirfst oben einen Stein rein, kommt unten ein Polizist raus, aber ich zeig dir einen Automat, da kommt noch mehr raus. Achtung. Test. Lanz 38. Erster Versuch. Damit du auch mal was zum Lachen hast. Halt mit bitte die Hand fest. Ganz fest. *Demonstrativ laut.* Alles in Ordnung! Alles in Ordnung! – Moment, irgendwas klappt nicht. *Lauter.* Test 38. Zweiter Versuch. *Lauter.* Alles in Ordnung! *Tobt.* Alles in Ordnung! Alles in Ordnung!

DR. MÜLLER *durch das Gebrüll herbeigeholt* Na, Herr Lanz, werden wir wieder ein wenig laut. *Haut Lanz eine vorbereitete Spritze in den Arm. Eine Notiz machend schnell ab.*

LANZ Hast dus gesehn! Jetzt hat er sich wieder aufgeschrieben »Alles in Ordnung« Reaktionstest. Ich ruf »Alles in Ordnung« und der Mutabor schickt seinen Arzt.

RITA Dann laß dich behandeln.

LANZ *apathisch* »Dann laß dich behandeln.« Automat.

RITA Wer?

LANZ Du! Vollautomat.

V

Andersen, Bunge

Bunge hat Schwierigkeiten im Büro. Abends besucht er seinen Personalchef Andersen, weil er denkt, daß der ihn versteht.

ANDERSEN Ja, dann kommen Sie rein. Ich weiß schon, was Sie herführt. Nehmen Sie diesen Helm endlich ab und setzen Sie sich.

BUNGE *läßt den Helm auf und setzt sich nicht* Bitte entschuldigen Sie, daß ich den Helm aufbehalte. Seit dem Vorfall heute morgen fühl ich mich nirgends mehr sicher und ich fürchte, daß ich ohne den Helm sogar Sie noch angreifen könnte. Aber Sie darf ich nicht angreifen, weil Sie der Einzige sind, der mir noch helfen kann. Deswegen störe ich Sie in Ihrer Wohnung. *Setzt sich.*

ANDERSEN Hundertmal habe ich Sie verteidigt. Einmal ist Schluß. Diese Geschichte kann ich nicht verantworten, wie konnten Sie mir sowas antun. Hundertmal sagt mir der Chef, daß der Bunge ausfällt. Gut sage ich – denn das richtet sich auch gegen mich – jeder Mensch fällt mal aus, ich kann Menschen nicht wie Apparate an der Strippe halten.

BUNGE Aber ich falle doch gar nicht aus, wenn Sie die falschen Berechnungen meinen, denn das war das Werk von Düring, der mir meine Unterlagen nach Feierabend entwendet hat.

ANDERSEN Also, der Düring soll schuld sein.

BUNGE Nein, der ist doch nur ausführendes Organ.

ANDERSEN Immer habe ich Sie verteidigt als besonders kontaktfreudig, und dann sitzen Sie mir, von dem anderen Vorfall will ich nicht reden, den ganzen Morgen in der Buchhaltung mit diesem Sturzhelm herum.

BUNGE Das ist kein Sturzhelm.

ANDERSEN Das weiß ich, daß das kein Sturzhelm ist! Jedenfalls ich betrachte das als Vertrauensbruch, diesen Sturzhelm, mir gegenüber. Außerdem haben Sie laut erklärt, und das weiß ich vom Chef, daß dieser Helm ein Schutzschirm sei gegen wellenförmige Fremdbefehle, dieselbe Musik, die jetzt in den Werkhallen ausgesendet würde, würde auch über Lautsprecher in die Büros gesendet, nur, wegen der geistigen Arbeit unhörbar, damit auch da die Arbeit mehr Tempo bekäme. Jetzt fragt mich, völlig zu Recht, der Chef, warum ich jahrelang Material gegen Leute wie Schäfer gesammelt habe, daß wir die loswerden, wenn jetzt meine eigenen Leute derartig betriebsfeindliche Hypothesen verbreiten. Sind Sie wahnsinnig?

BUNGE Aber der Chef muß doch wissen, wie ich das meine, daß nicht er die Schuld hat. Neulich wie ich ihn, weils meine Frau wollte, um eine Aufbesserung gebeten habe, und er mir zugegeben hat, daß auch er nicht so kann, wie er will, da habe ich ihm gesagt, ich wüßte selbst, daß auch er von außen gesteuert wird und abhängig ist.

ANDERSEN Sowas sagt man nicht laut. Der Chef ist ein einfacher Mann. Hundertmal habe ich Ihnen gesagt: behalten Sie ihre Wellentheorie für sich, es ist besser für Sie.

BUNGE Aber genau darüber hab ich mit Ihnen doch x-mal gesprochen.

ANDERSEN Und ich habe Ihnen x-mal gesagt, daß mir Ihre ganze Hypothese extraterrestrischer Kräfte zu hoch ist und, was diesen Helm betrifft, auch zu platt. Die Gewalt, die Sie lenkt, ist rein menschlich, irdisch, kommt von hier!

BUNGE Meine Helmtheorie hat sich heute morgen bestätigt.

ANDERSEN Ach Unsinn! Bunge! Völliger Unsinn! Ich verstehe ja auch nicht, wie es zu dieser grundlosen Tätlichkeit kam, aber mit Galaxis hat das nichts, aber auch gar nichts zu tun.

BUNGE Grundlos war diese Tätlichkeit nicht, weil die Schröter – die auch meinen Schreibtisch jedesmals abends, damit ich dann morgens dementsprechend dastehe vor dem Chef, in Unordnung bringt – über den Helm gelacht hat.

ANDERSEN Also die Schröter ist schuld.

BUNGE Nein, deswegen hätte ich ihr auch von mir aus nie eine geknallt. Einer Frau knalle ich sowieso keine, und außerdem hatte ich recht mit dem Helm, denn in dem Moment, als ich, weil sie so gelacht hat, den Wellenschirm absetze, bekomme ich den Impuls, ihr eine zu knallen. Wie käme ich dazu, sowas zu tun? In keiner Firma hier bekomme ich eine so günstige Position. Mein Häuschen ist grade fertig, mein Jochen geht hier zur Schule. In dieser Stadt muß ich bleiben, deswegen bin ich bei Ihnen.

ANDERSEN Warum bei mir?

BUNGE Weil sie verantwortlich sind in personalen Problemen und von wellenenergetischem Einfluß was verstehen.

ANDERSEN Ich, also ich, soll schuld sein, daß Sie Frauen verprügeln? Ich mache mich fertig hier. Seit ich an Schäfers Posten sitze, verschwende ich meine Kraft, daß alle in guter Verbindung bleiben, warum sollte ich Sie zu so etwas führen? Warum sollte ich?

BUNGE Ja, warum?

ANDERSEN Warum behaupten Sie das?

BUNGE Ja, warum? Das behaupte ich nicht.

ANDERSEN Was?

BUNGE Daß Sie der sind, der mich geführt hat.

ANDERSEN Ja, wer sonst?

BUNGE Wer sonst, meinen Sie, hat das behauptet?

ANDERSEN Nein. Wer sonst hat Sie geführt. Wer sonst soll das sein. *Dem Bunge geht langsam was auf.* Oder sollte das wahr sein, daß der Helm wirklich mentale Impulse abschirmt. Dann wären Ihre eigenen negativen Impulse so stark gewesen, die positiven Außenimpulse zu stören. Vielleicht habe ich mich nicht konzentriert. Dieser Helm! Dieser Helm. Dieser verfluchte Helm! *Bunge nimmt den Helm ab.* Aha. Eben habe ich mich konzentriert, da nimmt er den Helm ab. Aber heute morgen hat er ihn auch abgenommen. Warum? Um sich zu prügeln. Nichts als Schwierigkeiten macht mir der Bunge.

BUNGE *mechanisch, den Andersen anstarrend* Aber ich will doch gar keine Schwierigkeiten machen!

ANDERSEN Es wäre auch möglich: Sie wollen keine Schwierigkeiten machen. Ich will, daß Sie Schwierigkeiten machen, damit wir Sie wegschicken können, weil Sie zuviel Schwierigkeiten machen.

BUNGE *setzt den Helm mit großer Anstrengung auf, zittert* Sie wollen das sein, was den Impuls gibt? Da mach ich nicht mit. Wissen Sie, was ich von Ihnen denke. Ich denke, daß sie verrückt sind!

ANDERSEN Sie können denken, was Sie wollen. Sie denken doch nicht, was Sie wollen. 12 Milliarden Gehirnzellen enhält das menschliche Gehirn. Meinen Sie, da wüßten die Zellen außen immer, was die Zellen innen tun? Das ist es: ich habe bisher nicht genau gewußt, ob ich wünsche, Sie zu entlassen, aber an den Schwierigkeiten, die Sie mir machen, erkenne ich klar, daß ich es wünsche, Sie zu entlassen, und daraus, daß ich das so klar erkenne, entnehme ich, daß die Schwierigkeiten, die Sie mir machen, von mir ausgegangen sein müssen, damit ich mir wünsche, Sie zu entlassen.

BUNGE Ja, entlassen Sie mich, entlassen Sie mich, ich halts nicht mehr aus.

ANDERSEN Bunge, ich habe mir immer gewünscht, daß Sie selbst von sich aus es wollten, entlassen zu werden.

BUNGE *brüllt, schlägt sich wieder und wieder gegen die Brust* Ja! Ich will es selbst! Von mir aus! Von mir aus!

ANDERSEN Da! Sehn Sie!

Waldo

Waldo kommt im Büro nicht recht voran. Er wohnt noch immer bei seiner Mutter. Sie ist nicht mehr so zu ihm, wie sie früher zu ihm war. Aber Waldo weiß, was dahintersteckt, und heute wird er es auch seiner Mutter zeigen.
Waldo legt Stricke auf einem Stuhl aus. Mama mit Einkaufstausche herein.

WALDO *äfft* »Junge. Junge. Schon wieder früher heimgegangen, wie soll denn das weitergehen, Waldo, wenn ich dein Chef wäre, daß du nicht weiterkommen willst.«

MAMA Ja, ich sag dir, es ist wirklich so, daß du keinen Ehrgeiz hast. Andere machen Überstunden! Wenn ich dein Chef wäre!

WALDO Und ich sage dir, daß ich Wissenschaftler bin! Hier! *Hält ihr ein Schulheft vor.* Und kein Büromensch!

MAMA Und ich sage dir, daß du Rosinen im Kopf hast.

WALDO Aha, und ich sag dir, daß mir bekannt ist, woher die Meinung stammt, daß ich Rosinen im Kopf habe. Dir nehm ichs nicht übel, Mama.

MAMA Wenn ich sage, daß du Rosinen im Kopf hast, dann ist das meine Meinung, da brauche ich niemand dazu. Außerdem wars nicht so gemeint.

WALDO Ja, daran, daß du meinst, du selber wärst zu dieser Ansicht gekommen, merke ich, daß die Behandlung bei dir abgeschlossen ist. Los, Mund auf! *Versucht, ihr den Mund aufzudrücken.* Ist die große Brücke jetzt drin?

MAMA *verquetscht* Bist du verrückt geworden!

WALDO Ich weiß nämlich, daß du wieder da warst. »Aber Junge, man muß seine Zähne doch behandeln lassen, willst du, daß meine Zähne alle verfaulen. Einmal im Monat zum Zahnarzt, das ist die Pflicht, die Schmerzen, soll ich die Schmerzen vielleicht aushalten?«

MAMA Ja, soll ich die Schmerzen vielleicht aushalten?

WALDO *brüllt* Ja, ja, ja! Du sollst! Ich halte sie auch aus. Damit du endlich zur Besinnung kommst, damit du endlich deine Blödheit erkennst, und nicht zu denen gehst, die dich systematisch so blöd machen, daß du nicht mehr siehst, wie blöd du bist.

MAMA Aber Junge, man muß doch zum Zahnarzt gehen, ich weiß nicht, was du hast. Was ist denn nur wieder los!

WALDO *heult* Du bist eine derart dumme Sau, eine derart dumme Sau, daß ich nicht mehr weiß, wie ichs dir beibringen soll. Aber ich bring dirs bei und noch heute. Mein Bohrer ist fertig. Das sind die elf Sätze. Hier setz dich hin und lies das!

MAMA *nimmt das Schulheft* Andere gehen doch auch zum Zahnarzt.

WALDO Ich hab dir verboten zum Zahnarzt zu gehen. Laut vorlesen!

MAMA »Erster Satz: Noch während die Milchzähne vorhanden sind, drängt sich der erste Mahlzahn hervor, aber erst gegen das achtzehnte Lebensjahr erscheint der letzte Mahlzahn, der sogenannte Weisheitszahn.«

WALDO *stochert mit einer Gabel in Mamas Mund herum* Tut das weh?

MAMA Nein.

WALDO Aha. Weiter.

MAMA »Zweiter Satz: Vom Zahnbein umschlossen existiert die Zahnpulpa.« Dann geh ich halt zu einem anderen Zahnarzt.

WALDO Die stecken doch alle unter einer Decke. Weiter! *Er fesselt Mama an den Stuhl und bereitet die Zahnoperation vor.* Dritter Satz!

MAMA »Die Pulpa sondert den Zahnschmerz ab. Vierter Satz: Diesen sogenannten Primärschmerz unterwirft sich der Zahnarzt und verwandelt ihn in den Sekundärschmerz.« »Fünfter Satz: Die Zahnärzte haben sich in der Zahnärztekammer organisiert.« Kind! Kind! »Sechster Satz: Der Mensch mit Primärschmerz wird von dem Zahnarzt in einem Spezialstuhl mittels Haken untersucht, wobei eine in Weiß gekleidete Frau auf Zuruf Chiffren in eine Karteikarte einträgt, und der Patient am Sprechen gehindert wird, indem man ihm Zellstoffrollen und Klammern in den Mund setzt. Siebter Satz: Die Bohrtechnik ist heute so weit fortgeschritten, daß sie scheinbar fast schmerzlos ist.« Na ja! »Achter Satz: Gold ist ein magisches Metall und deswegen sehr teuer.« Stimmt! »Neunter Satz: Eine künstliche Füllmasse, die die Farbe ihrer Umgebung annehmen kann und aus Transistoren besteht, ist teurer als Gold.« Stimmt! »Zehnter Satz: An der sogenannten Plombe treten nach kurzer Zeit die vom Zahnarzt gesendeten Sekundärschmerzen auf, und begründen die bekannte Tatsache ›Wer einmal zum Zahnarzt gegangen ist, geht immer wieder hin‹.« Ja gut! »Elfter und letzter Satz: Weder die einsame Plombe, noch die einsame Krone, nur die Brücke ist die harmonische Verbindung aus Sender und Empfänger, denn die Brücke schlägt eine Brücke zwischen den Lebensregungen des Brükkenträgers und dem geheimen Brückenkonstrukteur.«

WALDO Stimmts? Oder entspricht irgend etwas nicht den Tatsachen?

MAMA Ja, es stimmt.

WALDO Und, was folgt daraus?

MAMA Weiß ich nicht.

WALDO *versucht mit der Gabel die Brücke herauszustemmen* Das kannst du auch gar nicht wissen, weil es zum Prinzip der Führung gehört, daß du sie nicht bemerkst.

MAMA Hilfe, Waldo, laß mich!

WALDO Tut das weh?

MAMA Ja.

WALDO Da bitte, was hab ich gesagt. *Gabel.* Also, das tut dir weh?

MAMA Ja, Waldo, ja, es tut weh!

WALDO Und du glaubst mir immer noch nicht?

MAMA Doch. Alles.

WALDO Dann werde ichs dir zeigen, wenn dus nicht glaubst. *Fesselt sie.*

MAMA Waldo, ich lasse mir diesen Ton nicht mehr lange gefallen.

WALDO Du mußt dir einfach klar machen, wer ein Interesse hat, dir etwas anzutun. Ich vielleicht? Nein! Aber die, denen du Geld ins Haus schleppst.

MAMA *windet sich* Waldo, ich geb dir alles. Vielleicht willst du nur sagen, daß ich erziehungsmäßig einen Fehler gemacht habe, ich will das dann nicht wieder tun. Jetzt kannst du das Sparbuch haben.

WALDO Ja, auf einmal! *Macht ihr den Mund auf, spricht hinein wie in ein Mikro.* Sie wissen – eins zwei – eins zwei – hier Waldo – eins zwei – Sie wissen – nämlich genau – nämlich genau, meine

Herren, für was ich die Maschine brauche, das habe ich aus den Ausreden dieser Dame herausgehört. *Zeigt den Bohrer. Mutter Mund zu.* Warum sollten Sie mir *macht ihr den Mund auf, wiederholt* Warum sollten Sie mir bei der Anschaffung von Werkzeugen behilflich sein, die der Aufdeckung Ihrer Verbrechen dienen?

MAMA Ins Zuchthaus bring ich dich!

WALDO Das zeigt sich, wer wen ins Zuchthaus bringt! Wenn ich erst den Beweis gegen euch Ganoven habe. Bei mir zieht nichts mehr! Ich habe der Natur widerstanden, wenn Sie wissen, was acht Jahre Zahnschmerzen sind. *Schließt Bohrer an. Mama zappelt.* Ja, jetzt wird gezappelt! Wo ihr durchschaut seid, da werden sämtliche Register gezogen, aber ich werd mich beherrschen können. *Nähert sich mit dem Bohrer. Mama schreit.* Versuch doch, ob du nicht das Geschrei unterdrücken kannst. Hört auf, sie zu quälen! Merkst du denn nicht, daß nicht du es bist, der hier um Hilfe schreit? *Merkt, daß Mama immer dann schreit, wenn er mit dem Bohrer näher kommt.* Reaktionstest. Waldos Perspektiven der Wissenschaft. *Er probiert das mehrfach aus. Dann schließt er ihren Mund. Leise* Die geben dir Impulse, da sitzen sie in der Zahnärztekammer und funken und funken, damit ich weich werde. Du mußt Vertrauen zu mir haben! *Mama schreit.* Also, wenn du das nicht unterdrücken willst, ich kann mich dem auf die Dauer nicht aussetzen. *Stopft ihr Watte in den Mund.* So, euch schlägt man nur mit euren Methoden. Nur, bei mir wird nicht betäubt, bei mir soll jeder Mensch wissen, was los ist. *Er bohrt, klaubt einige Brocken aus dem Mund von Mama und untersucht sie mit der Lupe.* Aha! *Unsicher.* Aha? Was ist denn das nun schon wieder? Daß die so klein sind, die Transistoren. Oder die Kammer hat schon früher was gerochen.

Blick

Ein Herr teilt einem Bekannten, den er auf der Straße getroffen hat, eine Entdeckung mit.

HERR Man sieht das am Blick, da müssen Sie drauf achten, und sich in acht nehmen, wenn so ein Blick da ist, da heißts aufgepaßt, dann gehört der auch dazu. Sehn Sie mal, so ein Blick. *Er demonstriert einen distanzierten Blick, sieht dem anderen dabei in die Augen, entdeckt etwas, erschrickt. Hastig.* Ich wollte Sie nur darauf hinweisen, es ist nicht wichtig. Auf Wiedersehen.

Selbstbedienung

Selbstbedienungsladen. Lautsprechermusik. Ein Kunde, ein hagerer Mann im schwarzen Anzug mit weißem, offenen Hemd hält demonstrativ eine Kognakflasche hoch.

KUNDE Tiefkühlbohnen! Erbsen in der Dose, Dosenmilch, Mehltüten, Tiefkühlgans: innen weich! Kaffeebüchsen, Teebüchsen! Oder hier: Spirituosen! Brot, Wurst, Kabeljau, Butter! Der gemeinsame Nenner: Alles innen weich.

VERKÄUFERIN Dann nehmen Sie jetzt bitte das Körbchen wie alle oder stellen Sie die Flasche zurück!

KUNDE Alles Zellen! Alles Energiezellen! Alles Batterien!

VERKÄUFERIN Dann nehmen Sie jetzt das Körbchen! Das ist hier ein Selbstbedienungsladen.

KUNDE Und ob! Und ob das ein Selbstbedienungsladen ist. Ein Laden, der selbst bedient, ist ein Selbstbedienungsladen. Früher, vor dem totalen Sieg der organisierten Selbstbedienungsladenketten, haben die Verkäufer den Laden bedient, heute bedient der Laden selbst. Er bedient nicht nur die Kunden, er bedient auch die Verkäufer. Er schaltet euch ein als Kontrolleure und als Nachfüller, denn die Batterieständer dürfen nie leer werden. Dicht an dicht gepackt, das gibt Kraft.

VERKÄUFERIN Oder Sie stellen die Flasche wieder ab!

KUNDE In Mark und Pfennig ist der Schaltplan aufgedruckt.

VERKÄUFERIN Ob Sie die Flasche jetzt abstellen oder nicht?

KUNDE Schaltplan, Batteriezelle, Magnetfeld, Ladenkette.

VERKÄUFERIN Herr Herbert! Herr Herbert! Fräulein Zibulski, Herr Herbert soll sofort aus dem Lager kommen, ich kann hier nicht weg!

ZIBULSKI – kann hier nicht weg *Ab.*

KUNDIN Können Sie mir ein Kilo Birnen abwiegen?

VERKÄUFERIN Ich kann hier nicht weg.

KUNDE *zur Kundin* Sie kann hier nicht weg. Sie ist die Wächterin des Feldes. Sie ist ganz verzweifelt, das sehn Sie ja, aber sie kann wirklich nicht weg. Mir machts auch kein Spaß, aber das müssen wir eben gemeinsam durchstehen, das ist eben der Verbrauchermarkt, der die Leute verbraucht, wenn ein kleiner Scherz erlaubt ist. Meine Frau liegt seit einem Jahr krank im Bett, sonst hat sie immer eingekauft, jetzt bin ich gezwungen, den Beweis anzutreten. *Singt übertreibend einen Schlager mit.* Warum die Musik? Um das Summen des Magnetfeldes zu übertönen, oder ist Ihnen noch nie aufgefallen, daß Sie hier oft an Bekannten vorbeilaufen, ohne sie zu erkennen.

ZIBULSKI *zurück* Warum der Herr Herbert kommen soll?

VERKÄUFERIN Der Kunde hier quatscht Kundinnen an wegen Musik und Magnetfeld und stellt die Flasche für 29 Mark nicht zurück.

ZIBULSKI Magnetfeld. *Ab.*

KUNDE Wohlgemerkt, das ist nur die Exekutive, dieses Magnetfeld. Was dahinter steckt, kann ich auch nicht genau angeben, da mir der Einblick verwehrt wird. Aber eins müssen Sie mir doch bestätigen, gnädige Frau. Wenn Sie das Magnetfeld durch die Magnetschleuse betreten, verspüren Sie einen ersten Impuls, der Sie zwingt, ein Magnetkörbchen zu ergreifen, welches dann, meinen Vermutungen nach, die Verbindung zwischen dem Korbträger und den Batteriezellen, Knäckebrot, Schichtkäse, intensiviert und kontrolliert. Als Anhaltspunkt für meine Hypothese erwähne ich, daß, wer eine Batterie zu lange aus ihrem Lager nimmt und sie nicht gleich mit dem Magnetkorb in Verbindung bringt oder sie gar unter seinen Kleidern verbirgt, einen unangenehmen Impuls erhält.

ZIBULSKI *zurück. Leise* Herr Herbert könnte momentan nicht kommen, er wäre noch im Lager aufgehalten.

KUNDE Nur laut! Nur Mut! ›Im Lager aufgehalten.‹

VERKÄUFERIN Jetzt nehmen Sie gefälligst die Flasche als freundliches Geschenk der Firma und lassen Sie sich hier nicht mehr blicken, sonst hole ich die Polizei.

KUNDE Ja holen Sie die Polizei! Damit das Protokoll aufgenommen wird. Heute laß ich die Bombe platzen. *Singt einen Schlager mit.* Jetzt reiße ich die letzten Verbindungen zum Kyborg ab. Mit dieser Flasche ritz ich deine Haut, Dämon dieses Daseins! *Hebt die Flasche höher, läßt sie fallen.*

KUNDIN *schrill* Das hat er extra gemacht!

KUNDE *betrachtet gelassen die drei in unterdrückter Wut bebenden Frauen* Wie sie widerlich zucken und zappeln. Stellt die Alarmschaltung ab, dann gibts Ruhe, dann könnt ihr mir zuhören! *Die Frauen fallen ihn an.* Sie verstehn mich nicht. O Heidelberg o Heidelberg.

Helsink

Kriminalkommissar Lape ist in eine Bank eingebrochen. Um Punkt sieben will er mit einem Wasserstrahl aus einem Löschschlauch den Computer der Bank außer Betrieb setzen. Den Bankdirektor Schäfer und Kriminaldirektor Helsink hält er als Zeugen fest.

SCHÄFER *in Panik* Was will er?
HELSINK *noch gefaßt* Erkenntnis!
LAPE Kriminalpolizeilich.
SCHÄFER Erkenntnis? Erkenntnis?
LAPE Drei Zwei. *Er hebt den Schlauch.* Eins.
HELSINK UND SCHÄFER *springen auf* Nicht!
LAPE Ich bedrohe den Kopf, schon zucken die Glieder! Und nochmal! Perspektive der Wissenschaft. Drei. Zwei. *Schlauch.* Eins.
HELSINK UND SCHÄFER *erstarrt* Nicht!
LAPE Ruhig, meine Herren, das war nur zur Probe. Es ist noch nicht sieben!
HELSINK *macht einen letzten Versuch* Sehen Sie das ein!
LAPE *spottend* Ich sehe das ein.
HELSINK Das ist eine Bank hier!
SCHÄFER *erregt* Eine Bank!
LAPE *gelassen* Eine Bank!
HELSINK Wenn Sie diesen Computer zerstören, dann bricht der Zahlungsverkehr zusammen.
SCHÄFER Bricht zusammen!
LAPE Ja. Bricht zusammen.
HELSINK Aber sonst nichts.
SCHÄFER Sonst nichts. Das ist das Chaos!
LAPE Das Chaos! Na eben!

HELSINK Gut. Aber dadurch steht doch die Welt noch nicht still.

LAPE Sie steht still. Punkt sieben. Es geht nicht um Geld. Das Geld ist die Tarnung. Da steckt mehr dahinter. Punkt sieben ist Schluß. Wir schalten es ab. Das ganze Gehirn. *Telefon klingelt.* Prompt meldet es sich. *Schäfer will abheben.* Finger weg! Wir schalten dich aus! *Klingel.* Mal sehn, was sich dann überhaupt noch bewegt. *Klingel. Ironisch.* Es will noch was sagen. Hörn wirs uns an! Heben Sie ab!

SCHÄFER *nimmt ab* Ja ja nein nein ja.

LAPE *imitiert die automatischen Floskeln* Ja ja nein nein ja.

SCHÄFER Hunderttausend dazu!

LAPE Letzte Worte!

SCHÄFER Er will kein Geld. Nein. Erkenntnis.

LAPE *korrigiert* Kriminalpolizeilich.

SCHÄFER Kriminalpolizeilich. Erkenntnis. *Zu Helsink.* Ihr Chef will Sie sprechen.

LAPE So kann mans auch nennen.

HELSINK Wir können nichts machen. Ein Schlauch. Direkt auf den Computer. Will alles löschen.

LAPE Es tut so, als wüßte es nichts.

HELSINK Alle Daten. Er meint, dann steht alles still.

LAPE Jetzt legen Sie auf!

HELSINK Was alles? Die Welt! Die Welt steht still, meint er.

LAPE Schluß.

HELSINK Er meint: alles! *Legt den Hörer auf.*

LAPE Alles.

HELSINK Ich warne Sie, Lape!

LAPE Am Morgen erhebt sich der Mensch. Warum?

HELSINK Herr Hauptkommissar, ich warne Sie.

SCHÄFER Auf eigene Verantwortung. Noch Zweihunderttausend.

LAPE Rein ins Auto. Warum?

HELSINK Noch bin ich Ihr Vorgesetzter!

SCHÄFER Zweihundert Mille!

LAPE An die Arbeit. Warum?

HELSINK Sie ziehen uns alle mit rein. »Polizist bricht in Bank ein.«

LAPE Und abends ins Bett.

SCHÄFER Dreihundert!

HELSINK »Vorgesetzter als Geisel!«

LAPE Keine Geisel! Nur Zeuge. Sie schreiben mir den Bericht. Ich führ Ihnen vor, was dahinter steckt, und Sie übergebens der Presse.

HELSINK Auf die ganze Polizei fällt das zurück. Auf uns alle.

SCHÄFER *am Ende, hysterisch* Ja, auf Sie alle.

LAPE Ruhe jetzt. Nehmen Sie zu Protokoll: Sechs Uhr neunundfünfzig. Hauptkommissar Lape beginnt den Count Down. Zehn. Neun.

SCHÄFER Einbruch!

LAPE Acht.

SCHÄFER Erpressung!

LAPE Sieben.

SCHÄFER Das ist unsere Polizei!

LAPE Sechs.

HELSINK *auch hysterisch* Quatsch!

LAPE Fünf.

SCHÄFER Das ist typisch!

LAPE Vier.

HELSINK Ein Mann ist krank!

LAPE Drei.

SCHÄFER Typisch!

LAPE Zwei!

HELSINK Ein einziger Mann!

LAPE *während des Zählens hat das Telefon geklingelt und wieder aufgehört* Eins. Wasser marsch! *Aus dem Schlauch kommen nur drei Tropfen.*

HELSINK Die haben ihm einfach da unten das Wasser abgedreht.

SCHÄFER *in der gleichen Hysterie* Das ist typisch! Das ist typisch!

HELSINK Da haben Sie Ihre Erkenntnis!

SCHÄFER Erkenntnis! Erkenntnis!

LAPE Die hab ich. Nehmen Sie zu Protokoll: Alles klar. Es war schneller. Schreiben Sie! Klarer Beweis. Es war schneller!

Telefonate

Störungsstelle

Ja! Der Mann war da, aber die Störung ist nicht weg! Ich hab ihn eben noch gehört, hinten in der Leitung, den Paul. Nein. Ich kenn ihn nicht. Aber er nennt sich immer »Paul der Wichser«. Das ist der, der immer sagt: »Pack die Angelegenheit auf den Teller!« Und der andere, der weiter weg ist, »Manfredo, der Mops«, der ruft immer: »Mach mir keine Sachen, Franz«, der kennt mich, aber ich kenn keinen Mops. So geht das jeden Tag hin und her! Ich getrau mich nicht mehr ans Telefon. Immer hängen die mit drin! Orten Sie die Schweine! Für sowas zahl ich keine Gebühren!

Kopf

Ich will nicht irgendeinen Arzt! Ich will Ihren Spezialisten für Köpfe! Sowas muß es doch geben in Ihrer Klinik! – Dann richten Sie dem Professor das aus! Folgendes: der Werner sagt zwar immer »Werd nicht kopflos!« Aber in Wirklichkeit bin ich körperlos. Ich bin nur der Kopf! Und stelle den Antrag, damit ich, weil ich das im Gefrierfach nicht kann, trotz der

Steppdecken, auch meinen Anteil leiste an der kosmischen Kybernetik, und in Anbetracht dessen, daß draußen massenhaft Hälse herumlaufen, mich wieder anzunähen, als Bitte.

Starrer Mann

Verzeihung, Verzeihung ich kann nicht schneller sprechen. Ich werde Ihnen alles erklären, verzeihen Sie mir, ich brauche Hilfe. Ich bitte Sie, einen Krankenwagen zu schicken. Ich bin nicht verletzt, aber ich kann keine Bewegung mehr machen. Ich bitte Sie, Geduld mit mir zu haben. Es sind die letzten eigenen Kräfte, die ich verbrauche mit diesem Hilferuf, denn er sendet nicht mehr. Ich kann mir das nur damit erklären, daß er sehr weit weg oder daß ihm etwas zugestoßen ist, denn ich erhalte seit elf Tagen keinen Impuls mehr von ihm. – Ich kenn ihn nicht. Er nennt sich Enno. – Ich erkläre alles, soweit ich kann, später. Kommen wir, verzeihen Sie die Hast, zum praktischen Teil, solange ich den Hörer halten kann: Sie müssen die Tür aufbrechen. – Kreid. So ist es. Dritter Stock links. So ist es – Gehn Sie den Gang entlang. Ich liege im letzten Zimmer links. Lassen Sie sich nicht davon täuschen, daß ich aussehe wie tot, holen Sie mich raus aus dem Dreck, ich halt es nicht mehr aus in dem Labyrinth. Bringen Sie Taschenlampen mit, der Strom ist abgestellt. Nehmen Sie meinen Dank im voraus. Ich werde nicht mehr sprechen können, wenn Sie mich auffinden. Nehmen Sie meinen Willen für die Tat, Sie können sich nicht vorstellen, wie es mich quält, Sie nicht bewirten zu können, wie ich es täte, wenn er sendet, aber ich liege ohne mich bewegen zu können, seit 11 Tagen im Bett.

Transistor

Wahrscheinlich ist bei Ihnen doch nur ein Transistor defekt. Keine Kurzschlußhandlung, Herr, ja, Fink. Legen Sie die Schlaftabletten weg. Bleiben Sie auf Empfang. Man darf nicht gleich aufgeben, wenn mal ein Transistor ausfällt. Euern Fernseher bringt ihr zur Reparatur, aber wenn bei euch ein Transistor kaputt geht, dann meint ihr, das heilt sich, das repariert sich, mein ich, von selbst. Gott sendet jeden Tag. Haltet eure Empfänger in Ordnung. Schmeißen Sie die Tabletten ins Klo, Herr Fink, und wenn Sie wieder Hilfe brauchen, ich bin auf Empfang. Diese Idioten, und immer mitten in der Nacht.

Willi

Willi, gut, daß ich dich noch erreiche. Um vier ist doch dieses Treffen und der Wüst meint auch, daß es auf die Dauer gefährlich für dich wäre, wenn du dich mit solchen Leuten einläßt. Willi, du gehörst doch nicht zu sowas. Der Mensch muß im Mittelpunkt stehn, die leisten doch nichts, meint auch der Wüst. Nein, ich ruf von mir aus an, als Freund, ich hab doch nichts davon, wenn ich dich warne als Freund, denn wir schmeißen dich doch hochkant raus, wenn du da noch einmal hingehst zu denen. Nein das ist keine Drohung. Von mir schon gar nicht. Der Wüst meint das! *automatisch* Der Wüst! Ich doch nicht. Meint Wüst, hab ich gesagt, meint Wüst, Willi, meint Wüst!

Ampel

Eilt euch! Ich hab den Typ noch im Auge. Er geht die Hebbelstraße herunter. Schickt einen Streifenwagen! Das ist einer von denen! Ich bin eben bei Rot über die Straße gegangen – das ist kein Kleinkram – ich bin eben bei Rot über die Straße gegangen – Ja ich! Nicht der! Aber der hält mich fest, obwohl die Straße leer ist, und wie ich ihn frage, warum, da sagt er nur »Rot! Rot! Rot!« Und wie ich ihm auf den Kopf zusage, daß er einer von den Typen ist, die angeschlossen sind, weil er was tut, das ihm nichts nützt – Nein, von der Polizei war er nicht. – Keine Erklärung, immer nur »Rot Rot Rot« und wie ich sage, holen wir die Polizei, damit wir mal klärn, was das für eine Verbindung ist, die er hat mit dem Ampelnetz, da plärrt er immer nur »Rot Rot Rot« hat nur ein Wort, der Typ: »Rot Rot Rot« und verdrückt sich. Aber geht ganz langsam, tut so als wär nichts. Wenn ihr euch eilt, könnt ihr ihn schnappen. – Ja. Ich warte, ich warte auf jeden Fall. Hier an der Zelle.

Angestellter

Da sind wir uns doch einig, daß das für den ganzen Betrieb das Beste so ist, ich hab jedenfalls den Eindruck, daß Sie einer der ganz wenigen sind, die wirklich übersehen, wie riskant die Lage allgemein ist. Eben! Sie sind Angestellter, mich nennt man den Chef! Aber was bin ich? Ich falle doch genauso in den Dreck, wenn wir den Laden schließen müssen, und da bin ich ehrlich, ich will nicht, daß ich in den Dreck falle, und Sie wollen das auch nicht! Eben! Das wollen Sie auch nicht. Das wärs dann mal wieder. Gut so eine Aussprache. Ich mag das, wenn mir ein Mitarbeiter sagt, was ihm nicht paßt. Was war noch der Grund Ihres Anrufs? Zulage? Ah ja. Zulage Zulage. Da sehn Sie, wie man vom Hundertsten ins Tausendste kommt. Aber ich finde es schön, wenn man im Gespräch gemeinsam herausfindet, warum es nicht geht.

Zeitansage

Helga? *Automatenstimme.* Beim nächsten Ton ist es dreizehn Uhr, drei Minuten und zwanzig Sekunden. – Pip – *Über den Automaten hinweggesprochen.* Helga! Helga! Laß den Quatsch! – Beim nächsten Ton ist es dreizehn Uhr, drei Minuten und dreißig Sekunden – Pip – Helga! Das bist du doch! – Beim nächsten Ton ist es dreizehn Uhr, drei Minuten und vierzig Sekunden – Pip – Helga, das ist deine Stimme! – Beim nächsten

Ton ist es dreizehn Uhr, drei Minuten und fünfzig Sekunden – Pip. Ich weiß die Zeit! – Beim nächsten Ton ist es dreizehn Uhr, vier Minuten und null Sekunden – Pip. Null Sekunden! Du kannst was erleben! – Beim nächsten Ton ist es dreizehn Uhr, vier Minuten und zehn Sekunden – Pip – Helga! Bitte! Mach mich nicht verrückt! – Beim nächsten Ton ist es dreizehn Uhr, vier Minuten und zwanzig Sekunden – Pip – Helga! Ist was passiert? Was ist passiert mit dir?

Gelee Antenne

Hallo? Heidi? Langsamer! Ich versteh nichts! Dann sag doch, wie er aussieht! Wer denn? Der Gert ist doch in New York! Drei – du bist wahnsinnig, das gibts nicht, kein Mensch hat drei, aber laß ihn trotzdem nicht rein, laß ihn keinesfalls rein! Antenne? Wo? Gelee! Ja was jetzt? Antenne oder Gelee? Hast du Gelee gesagt? Halt dir die Ohrn zu! Halt dir die Ohrn zu! Hallo? Heidi! Hallo? Hallo!

Mike

Wer ist dort? Wer? Mike? Mike! Du! Gibts dich denn auch noch, haha, gibts dich denn noch. – *Gereizt.* Ich habe nur gefragt, ob es dich noch gibt, du bist ja immer noch so meschugge, ich habe lediglich gefragt, ob es dich noch gibt! Was sonst soll sein, als daß es dich gibt! Es gibt dich! Es gibt dich! Ach leck mich am Arsch!

Marion

Nein, du bleibst jetzt dran, Äffchen! Du legst nicht auf! Ich hab euch zwei gestern auf der Straße gesehn! Du denkst, ich halt Ruhe, wenn du mir den Ring zurückschickst! Den kannst du dir an den Hut stekken. Da verlang ich Rückerstattung von ganz anderen Dingen. Du bleibst jetzt an der Strippe, Äffchen, sonst ruf ich deinen Chef an. Ich kann nämlich mit diesem ekelhaften Körper nicht mehr leben, den ihr mir untergeschoben habt. Das laß ich mir nicht bieten. Und die Gisela macht sich während der ganzen Zeit mit meinen Sachen ein schönes Leben hinter meinem Rücken und nennt sich noch meine Freundin. Gestern auf der Straße, Hand in Hand. Du hast da deine Hand in ihrer Hand und ihre Hand, das war meine Hand. Die hab ich erkannt. Da kann sie die Hand noch so schnell wegziehn und in der Manteltasche verstecken. Und da werde ich, wenn ich euch noch einmal erwische, gerichtlich rücksichtslos zwecks Rückerstattung besagten Körpers vorgehn!

Der Vater

Wart noch einen Augenblick, Kind. Ich komm sofort rüber. Ich bitte dich, nicht rausgehn, eine Minute, dann bin ich da. Bleib in der Kammer, deinem Vater zulieb, Mädchen. Und keine Schminke, ich bitte dich. Wenn sich dein Gesicht wirklich verwandelt hätte – ich kann das nicht feststellen, in acht Jahren verwandelt sich ein Gesicht auch so – dann kannst du sicher sein, ich finde ein Gegenmittel und es wird sich zurückverwandeln. Dann geh doch raus! Hau ab! Du ekelhafte Kröte. Die werden dich auslachen! Nein, sie werden nicht lachen, nicht weinen, nicht weinen, Vögelchen, geh nur, ich erlaube es, niemand wird lachen, vielleicht sind sie ganz nett zu dir, geh unter die Leute, Karin. Ich erklär den Versuch für abgebrochen! Aber hör auf zu weinen! Für mich bist du noch nicht reif, aber ich kann dich nicht halten. Was soll mir mein Geschöpf, wenn es im Unglück lebt! Vergnüge dich! Lach dir einen andern an! Wenn Henry nicht mehr kommt, ist er dumm genug, der wird selbst noch sehn, daß du anders bist als die, die draußen rumlaufen, es ist doch nicht meine Schuld. Ich hab den Kerl nie abgehalten zu dir hineinzugehn. Und auch du, mein Kind, auch du, wirst einsehen, daß die acht Jahre in der Kammer glückliche Jahre waren. Um Himmels willen bleib drin. Ich bin gleich bei dir. Wenn sie dich zerstören draußen, war alles umsonst.

Autopilot

Hier ist er wieder, euer Autopilot! Wieviel warns gestern? Am Steinheimer Kreuz? Sechzehn Autos, zwei Tote, vier Schwerverletzte! Glaubt ihr mir jetzt. Wenn ihr das Geld nicht endlich zusammenkratzt, habt ihr am nächsten Sonntag die nächste Massenkarambolage! Und keine linken Tourn. Der Staat hat mich um meine Abfindung beschissen! Und solang das nicht gut gemacht ist, mit Zins und Zinseszins,

steht euer Aktenzeichen jeden Sonntag auf einer anderen Autobahnbrücke und lenkt die Autos, und wenns ihm Spaß macht, läßt er sie zusammenknallen, allmählich müßt ihr das doch reinkriegen in eure weichen Bullenbirnen. Daß die Welt anders ist als ihr denkt. Allmählich müßt ihr das doch schnallen, daß kein Auto fährt ohne mich! Das muß doch endlich mal zünden bei euch, daß ohne meine Gutmütigkeit kein Auto vorbeikommt am andern.
Bis morgen! Gleiche Welle, gleiche Stelle! Edy, euer Autopilot!

Kaufhausdetektiv

Nein, sie hat den Pullover nicht gestohlen, deswegen macht mir die Kundin ja auch jetzt Schwierigkeiten, sie will sich nicht länger festhalten lassen, vielleicht will sie mirs nicht sagen, weil ich der Detektiv bin, aber Sie als Chef des Kaufhauses kriegen vielleicht raus, warum die Frau den Pullover gekauft hat, den sie nicht braucht. – Ja! Gekauft! Das erklär ich doch dauernd. Sie hat einen Pullover gekauft, und als ich sie vernehme deswegen, gibt sie sofort zu, daß sie ihn nicht braucht, und als Grund für den Kauf gibt sie nur an, er wär zehn Mark billiger. Da wird man doch stutzig als alter Hase! Gut, ich warte auf Sie. Entschuldigen? Wieso soll ich mich entschuldigen bei der Frau? Ich war zwanzig Jahr bei der Kripo.

Bruder Kirn

Innerhalb der nächsten Stunde wird ein Mann in Ihrem Kommissariat erscheinen und seinen Namen mit Kirn angeben, falls er sich nicht auch da eine Finte gegen mich ausgedacht hat. Es ist mir peinlich, Sie zu belästigen, aber er ist aus meinem Sendebereich entkommen, wie ich vermute, in der Absicht, mir Schaden zuzufügen, indem er jetzt auch der Polizei gegenüber die Behauptung, bei mir sei eine Schraube locker, wiederholt, die er seit Monaten in der Nachbarschaft verbreitet. Ich empfinde dies als Undank, da ich Jahre meines Lebens darauf verwandt habe, den Nachbarn und sogar ihm selbst gegenüber zu verheimlichen, daß er kein Mensch ist. Mit diesem Ausbruch sehe ich mich aller Verpflichtung zur Rücksicht enthoben und so leid es mir tut – denn er ist mein jüngerer Bruder, wir leben seit 44 Jahren zusammen und ich schätze nicht ab, welchen Schock die Selbsterkenntnis bei ihm auslösen wird, – ich muß Sie bitten und das ist der Grund meines Anrufs – ich weiß, ich bin umschweifig – ihm den Arm abzubrechen, am besten den Rechten, denn im Rechten ist die Verdrahtung besser zu erkennen, damit er ein für allemal einsieht, daß er sich eine solche Extratour nur einmal leisten kann, sonst knallts. Pardon. Brechen Sie ihm den rechten Arm ab. Es wird uns alle langweilen, was dann herauskommt, aber ich habe keine andere Wahl. – Meine Adresse? Die Schote weiß, wo sie hingehört!

Marschkörper

Noch zehn Minuten. Dann marschiert mein Mann los. Herrschaften, hörn Sie gut zu, isch bin ein Spieler und isch will eusch eine Schance geben. Mein Mann marschiert und keiner kann ihn aufhalten, noch nischt mal isch, so leid mirs tut, weil sein Ziel eingestellt ist und die Leitstelle versieschelt, es hilft eusch nischts, wenn ihr meinen Telefonapparat ortet, dies ist eine Bandaufnahme, dies ist eine Bandaufnahme. Das Ziel meines Marschkörpers ist eingestellt, es werd nischt verraten, aber sovill sollt ihr wissen, es ist des, was am wischtigsten ist in der Stadt, und wenn ihr nischt in die Luft fliescht, wird er an die Luft gesetzt, der Herr Magistrat. Noch neun Minuten, dann wandert mein Mann los, mein Mann ist eine Wanderbombe, festnehmen könnt ihr ihn nicht, denn hörn Sie gut zu, er ist mit Sprengmasse umwickelt, mein Bub, ein Griff am Arm und ihr seid Molekül, gell, jetzt hörn Sie gut zu emal, weil isch ein Spieler bin, will isch eusch eine Schance geben, der Weg ist so programmiert, daß mein Mann über den Opernplatz muß, weil isch Freund der Oper bin, und wenn ihr den Mann mitten aufem Platz abschießt, dann gibts nur einen Krater, gell, aber ihr habt eusch geschnitten, wenn ihr denkt, ihr könnt meinen Marschkörper erkennen, weil er so eckisch geht. Oder weil sein Anzug ausgebeult ist, er sieht aus wie die hundert Männer, die da noch über den Platz gehn, und horchese gut zu, vielleischt isses auch eine Frau, nur als Tip, mehr verrat isch nischt im Quiz des Todes. Viel Glück meine Herrn Scharfschützen! Viel Glück, gell. Dies ist eine Bandaufnahme.

Zwanzigster Stock

Frau Müller, hier ist Lerche. Sie müssen jetzt ganz ruhig sein! Kommen Sie nicht in mein Zimmer! Rufen Sie nicht die Polizei! Versuchen Sie herauszufinden, wer da in meiner Leitung ist, der dauernd sagt »Erhebe dich Lerche, erhebe dich in die Lüfte«. Kein Witz! Kein Witz! Sie müssen ihn finden! Sie müssen das abstellen! Ich werd das Telefon nicht mehr los! Ich weiß nicht, wie lang ich dem widerstehn kann. Ich steh auf der Fensterbank. Keine Polizei, das sag ich als Chef! Ich hoffe, es hat mich von unten noch keiner gesehn, aber wir sind ja im zwanzigsten Stock.

Glatzkopf

Autotelefon

Sind Sie allein auf der Straße? Gut. Fahren Sie weiter! Immer die Straße runter! Gehn Sie auf hundertvierzig! Weiter, mitten auf der Straße! Gehn sie auf hundertsechzig!

Passen Sie auf, hinter der Kurve wird Ihnen jetzt ein Wagen entgegenkommen, mit hundertachtzig! Gehn Sie auch auf hundertachtzig! Da ist er! Nicht ausweichen! Nicht ausweichen! Sehn Sie den Glatzkopf am Steuer, der so aussieht wie Sie. Das bin ich.

ZUR REALISIERUNG

Verbindlich ist die Reihenfolge der Lape-Szenen und die Anordnung der fünf Komplexe. Innerhalb dieser Blöcke können Szenen, wenn dies einer zügigen Verwandlung dient, umgestellt werden. Die Wiederholung der kleinen Nummern ist wichtig. Die Verwendung weiterer Szenen dieses Bandes bedarf der Genehmigung des Verlages.

Diese Fassung ist mit 2 Schauspielerinnen und 4 Schauspielern zu realisieren. Die Szenenwechsel lassen sich durch Tonbandaufzeichnungen der Telefonate überbrücken. Zur schnellen Einführung der Situation lassen sich aus den Szeneneinführungen Ansagen herstellen.

W. D. 1980

Frankenstein
Siebenundvierzig weitere Fälle

1 Versuchsperson Ransel

Marr

Der mehrfach wegen Einbruchs vorbestrafte Marr, der in der psychiatrischen Klinik der Dr. Fragonard als Tierpfleger arbeitet und zugleich einer Therapie unterzogen wird, ist am frühen Morgen in eine Metzgerei eingebrochen und wurde mit einem Rucksack voller Fleischwurst gestellt. Im Einbruchsdezernat wird er von Oberkommissar Fey vernommen. Dr. Fragonard und ein Krankenpfleger Weber wollen Marr abholen.

DR. FRAGONARD Kommen Sie jetzt, Marr!
LAPE Moment!
WEBER Komm, Roland.
LAPE Moment!
FEY *zu Lape* Du siehst Gespenster, Karlheinz, der Marr ist ein alter Kunde von uns, das Geständnis ist unterschrieben.
DR. FRAGONARD Er wird die Klinik nicht mehr verlassen.
WEBER Ich pass auf, diesmal.
FEY Keine Fluchtgefahr.
MARR Ich wars, Herr Kommissar.
FEY Wir wissens ja.
MARR Ich geb den Einbruch zu.

FEY Hast du doch schon, geh jetzt mit.

MARR Und wenn ich vielleicht doch lieber hier die Strafe absitze.

WEBER Komm heim, Roland.

MARR Heim, in die Zelle, unter die Haube.

LAPE Haube?

WEBER Zu deinen Affen.

LAPE Affen?

FEY *ungeduldig* Ja Affen! Seine vier Affen. Die Affen von der Frau Doktor da! Die Versuchstiere! Die Affen, für die er die Wurst geklaut hat! Die Affen, die er pflegt! Die Affen, die er liebt! Dreimal vorbestraft wegen Einbruchs, sechsmal wegen schwerer Körperverletzung! Jetzt liebt er Affen! Ich weiß auch nicht warum, aber ich kann ihn hier nicht festhalten! Ich wills nicht! Für die Affen hat er die Fleischwurst geklaut! Für die Affen!

LAPE Für die Affen. Was sind das für Versuche, Frau Doktor?

DR. FRAGONARD Wenn ich Ihnen jetzt gemütlich von meinem Steckenpferd erzählen soll, dann dreht uns der Mensch hier noch durch.

LAPE Der ist doch ganz ruhig!

DR. FRAGONARD *Hand in der Manteltasche* Herr Marr, wir wollen doch keine Gewalt. *Auf ihn zu.* Wir gefährden doch unsere ganze Behandlung.

LAPE Behandlung?

Marr verkrampft sich in Erinnerung, er lauscht, als horche er auf innere Regieanweisungen, großspurig, aufgeregt.

MARR Ich gebe zu, am heutigen Tag, in den frühen Morgenstunden in die Metzgerei Busch eingebrochen zu sein, um die *höhnisch* vorliegenden vierhundert Kringel Fleischwurst an mich zu nehmen, *manisch erheitert* und die vier Säcke Blutwurst und die vierundzwanzig Flaschen Leberwurst und stundenlang Preßkopf für meine vierzigtausend Rhesusaffen –

DR. FRAGONARD Er braucht Ruhe!

MARR *immer erregter, aggressiv* Die hörn auf mich, die Typen, die pariern! Alle vierzigtausend! Ich bin der Boss! Ich laß mich hier nicht abschotten! Wenn ich meine Affenfarmen aufziehn muß! Ich geh nach Afrika!

LAPE »Keine Fluchtgefahr!«

WEBER *wühlt nervös in seiner Aktentasche* Nein, Herr Kommissar, keine Fluchtgefahr! Der Mann ist doch ruhig sonst, du bist doch ruhig sonst, Roland. *Packt ihn an.*

MARR *sinkt auf einen Stuhl, apathisch, eintönig, langsam* Ich wollte den Tierchen was zukommen lassen, weil sie nur mich haben.

WEBER Der traut sich doch nicht vor die Tür sonst.

MARR *apathisch, monoton, klagend* Weil sie sich immer hochanständig verhalten haben, trotz ihres Leidens, und weil ich schuld bin, daß sie jetzt nichts mehr zu fressen kriegen, hab ich wieder versagt und bitte, mich auf der Stelle einzusperren.

DR. FRAGONARD Herr Weber, das war ja vielleicht gut gemeint, aber halten Sie sich raus! *Hand in der Manteltasche.*

MARR *plötzlich apathisch* Mich hier bitte einsperrn. *Plötzlich erregt, weinerlich hysterisch* Weil mir mein Würfel so weh tut, mein Würfel im Kopf *weiter erregt, aber kalt hämisch* wiederhole ich, daß ich zugebe, *ängstlich zitternd* am heutigen Tag *tobend* Bruch in die Metzgerei, Bruch mit dem Hammer, durchs Glas, Bruch durchs Glas!

FEY *hat den Hörer abgenommen* Zwei Mann rüber, sofort!

MARR *in Panik* Ab durch die Mitte! Bruch!

WEBER War immer ruhig sonst.

MARR *plötzlich apathisch* Da ist einer mit dem Hammer durch das schöne große Glas.

DR. FRAGONARD Weber!

MARR *wieder aufgeregt* Hochanständig benommen, hochanständig benommen! *Apathisch.* Nur einer soll reden, bitteschön, seid so gut, nur einer! *Erregt.* Einer, sag ich! Nicht alle durcheinander! Herrschaften, nicht alle durcheinander! Schluß.

LAPE Schluß! Schluß jetzt! *Reißt der Fragonard die Hand aus der Manteltasche, die Hand umklammert einen Taschenrechner. Marr fällt in die Knie.* Schluß jetzt! *Reißt Weber die Aktentasche weg.*

MARR Nur einer! *Kommt zu sich.* Am heutigen Tag, in den frühen Morgenstunden.

LAPE Was ist das?

DR. FRAGONARD Mein Taschenrechner.

LAPE *holt Butterbrot und Taschenrechner aus Webers Mappe* Und was ist das?

WEBER Mein Taschenrechner.

DR. FRAGONARD Der Besitz von Taschenrechnern ist verboten oder was?

LAPE *dreht durch* Taschenrechner! So seht ihr aus! Sowas macht man nicht mit Menschen! Das macht man nicht, mit Menschen macht man sowas nicht!

FEY *beruhigend* Was denn, Karlheinz, was denn? *Er nimmt Lape die Sachen weg und gibt sie zurück.* Sie müssen verstehn, mein Kollege ist übermüdet, der ist nur zufällig hier, kommt sonst nicht vor. *Ins*

Telefon. Hat sich erledigt. *Brüllt.* Aber schafft mir diese Scheißfleischwurst endlich vom Tisch. *Zu Dr. Fragonard, auf den murmelnden Marr hin.* Und schafft mir den Irren weg!

MARR *wach, zu Fragonard und Weber, die ihn an den Armen gepackt haben* Das ist doch mein Rucksack! Fleischwurst, genau, das ist mein Rucksack, das war ich, der heute morgen eingebrochen ist in die Metzgerei Busch. Aber ich klau doch sonst nur Schmuck, Herr Kommissar Fey, ich klau doch sonst nur Schmuck.

Einbrecher Mack

Der mehrfach wegen Einbruchs vorbestrafte Mack wurde von einer Streife aufgegriffen, als er mit einem Koffer voll Akten aus einer Arztpraxis stieg. Einbruchsdezernat. Kommissar Fey verhört ihn.

FEY Warum?
MACK Weiß ich nicht.
FEY Warum Mack?
MACK Weiß ich nicht.
LAPE *herein* Na was meint Herr Mack?
FEY Welche Ehre! Moment bitte, Karlheinz. Nochmal, Mack! Eingestiegen durch den Heizungskeller? Aufgebrochen, die Tür zur Praxis aufgebrochen.
MACK Ja.
FEY Aufgebrochen, den Aktenschrank.
MACK Ja.
FEY Von wem kam der Auftrag? Was willst du mit Krankenakten, Mack?
MACK Diesmal weiß ichs wirklich nicht.
LAPE Kann sein, diesmal weiß ers wirklich nicht.
MACK Da geb ich ihm recht.
LAPE Er weiß nicht, wer ihn geschickt hat.
MACK Geb ihm völlig recht!
LAPE Er weiß nicht, was er mit den Akten will.
MACK Ich geb ihm recht!
LAPE Und hätt ihn die Streife nicht aufgegriffen, er hätte die Akten abgeliefert und wüßte nicht, bei wem.
FEY Ich versteh dich nicht, Karlheinz.
LAPE Und wüßte nicht, für was.

FEY Ich versteh dich nicht.

MACK Da geb ich ihnen recht, Herr Fey, jetzt versteh ich den Karlheinz auch nicht.

FEY Maul halten, Mack! Seit wann interessiert sich der Herr von der Mordkommission für meinen kleinen Einbruch?

Romulus und Remus

Privatlabor von Dr. Leiber. Dr. Leiber braucht Geld für seine Versuche. Dem einflußreichen Oberregierungsrat und seiner Sekretärin will er demonstrieren, wie weit er schon ist. Die Versuchspersonen Romulus und Remus, zwei Männer in gewöhnlicher Kleidung.

DR. LEIBER *mit einem Stoß Karten* Wenn Sie vielleicht hier Platz nehmen wollen, Herr Oberregierungsrat, und Sie, Fräulein Kuhn.

FRÄULEIN KÜHN Kühn!

DR. LEIBER Entschuldigung. Fräulein Kühn.
Jetzt bitte ich Sie, hier eine Karte auszuwählen, Herr Oberregierungsrat. *Dieser wählt.*
Zunächst mal der Romulus. Romulus, bilden Sie einen Satz aus folgenden Wörtern: Küsse – Kissen – Kasse. Ich wiederhole. Bilden Sie einen Satz aus: Küsse – Kissen – Kasse –. Wiederholen Sie bitte die Wörter.

ROMULUS Küsse – Kissen – Kasse.

DR. LEIBER So bitte, dann mal los!

ROMULUS Er gab ihr – *blickt unter sich, blickt auf.* Nachdem sie ihm Einblick in ihre Kasse gewährt hatte, drückte er sie in die Kissen und gab ihr einige Küsse.

DR. LEIBER *sieht den Oberregierungsrat stolz an* Sehr gut, Romulus, sehr gut. Jetzt der Remus, bitte Herr Oberregierungsrat, wählen Sie! Danke schön! – Remus, bilden Sie einen Satz aus folgenden Wörtern: Schlüssel – Schüssel – Rüssel. Ich wiederhole: Bilden Sie einen Satz aus: Schlüssel – Schüssel – Rüssel. Wiederholen Sie.

REMUS Schlüssel – Schüssel – Rüssel. – Ich hänge meinen Rüssel in die Schüssel, aber den Schlüssel, den haben Sie, Herr Doktor.

DR. LEIBER *sieht zur Decke* Na ja, ja. Dann wollen wir mal – *sucht in den Karten* – für den Romulus etwas aussuchen, das ein bißchen schwerer ist. Romulus, bilden Sie einen Satz aus den Wörtern: mein – sein – kein. Wiederholen Sie!

ROMULUS Mein – sein – kein. *Blickt unter sich, blickt auf.* Was mein sein soll, kann keinem anderen gehören. *Blickt den Doktor an.* Kein Mensch hat Anspruch auf das, was mein sein soll.

DR. LEIBER Sehr gut, Romulus, sehr gut hast du das gemacht. *Sucht in den Karten.* Und für den Remus etwas Leichtes. *Liest.* Stein – Bein – Wein. Bilden Sie einen Satz aus den Wörtern: Stein – Bein – Wein. Wiederholen Sie!

REMUS Stein – Bein – Wein.

DR. LEIBER So lieber Remus, dann wollen wir das mal zusammenbringen. Bitte!

REMUS *hin und herblickend* Ich trink den Wein nicht gern allein, und dem liegt zugrunde, daß dieses Bein von Stein ist – *blickt den Doktor an* – beziehungsweise der Stein aus Bein.

Alle außer Remus sehen verlegen unter sich.

Der Schreck

Prüfung. Fuchs, ein Student, und sein Professor. Ein Pfleger führt einen Patienten herein, der offenbar im Zustand dauernden Entsetzens in gleichen Abständen immer die gleiche Gebärde der Abwehr ausführt.

FUCHS *verwirrt zu sich* Was ist denn das? warum?
PROFESSOR Jetzt stellt er mir Fragen! Also erzählen Sie mal!
FUCHS *zum Patient* Können Sie mich verstehn? *Der Professor, der ausschließlich den Studenten beobachtet, macht übertrieben eine Gebärde der Verzweiflung.*
FUCHS Ich habe bis jetzt nur welche gesehn, die einfache Bewegungen gemacht haben. Schrauben, Bohren oder Streichen.
PROFESSOR *mit Gebärde der Verzweiflung* Bohren oder Streichen!
FUCHS Ganz allgemein können wir feststellen, daß es sich um eine Stereotype handelt, Stereotypie!
PROFESSOR *macht eine aufmerksame Miene* Stereotypie, aha!
FUCHS Eine andere Bezeichnung wäre Iteration, von lateinisch itero: wiederholen!
PROFESSOR Aha. Wiederholen!
FUCHS Ich wiederhole.
PROFESSOR *mit Gebärde der Verzweiflung* Herr –
FUCHS Fuchs.
PROFESSOR Ja. Ich mache Sie darauf aufmerksam, daß hier keine Prüfung in Philologie stattfindet. *Er lacht, Fuchs lacht automatisch mit.*

FUCHS Ich möchte sagen, daß es sich um eine Schreckbewegung handelt. Oberkörper zurück, Arme vor in Schutzfunktion, und die Augen und Mund geöffnet in Wahrnehmungsfunktion, nimmt man an.

PROFESSOR Wer nimmt das an?

FUCHS Oder beim Mund auch Abschreckungsfunktion. Zähnefletschen.

PROFESSOR Wer nimmt das an?

FUCHS Zähnefletschen!

PROFESSOR *abgehend* Ja. Dürftig. Und dabei ist das klassisch hier. Dann nochmal im nächsten Jahr.

Das Beispiel

Ein Dozent für Psychiatrie sucht mit seinem Assistenten unter seinen Patienten einen bestimmten Fall für eine klinische Demonstration.

DOZENT *zum Assistenten mit Blick auf Frau Kleiber* Ich glaube, das ist ein gutes Beispiel. Frau Kleiber, jetzt erzählen Sie uns nochmal, wie das heute war, der Doktor Lenz, der will das auch wissen, und wir wollen Ihnen alle helfen.

DAS BEISPIEL Erstmal, was gestern war. Da höre ich den Weiß auf dem Hof rufen: »Der Abfluß ist verstopft!« Und in dem gleichen Moment sagt mein Mann: »Ein Kopfweh hab ich vielleicht.« Und heute gehe ich dann die Treppe herunter, da steht der Weiß mit seiner Frau vor dem Briefkasten und lauert auf mich und sagt – tut so, als sagt er es seiner Frau – und sagt: »Tag, Frau Kleiber! Hast du den Schlüssel?« Und die Frau wirft mir einen durchdringenden Blick zu, weil ihr Mann mich geduzt hat. Deswegen mache ich ihm das Geheimzeichen, da sieht er auch durch mich durch, und daran merke ich, daß die Frau nichts wissen soll. Da schreit plötzlich die Frau: »Dann hol du ihn doch! Soll ich immer an alles denken!« Und ich mache, daß ich schnell aus dem Haus komme, ehe sie den Kerl holen.

DOZENT Wen?

DAS BEISPIEL Ja, den kenn ich noch nicht, denn ich bekomme das kaum zusammen, den Abfluß und die Kopfschmerzen und daß die Frau sagt: ›Muß ich immer an alles denken!‹ und den Flüsterschlüssel.

Die beiden Doktoren betrachten die Frau wie einen Gegenstand, den sie kaufen wollen.

ASSISTENT Ganz brauchbar. Oder?

DOZENT Gut. Gekauft!

Versuchsperson Ransel

Labor. Professor Sand kontrolliert die Geräte, mit denen Ransel durch Drähte verbunden ist. Dr. Hut, der Assistent, stellt ein Mikrophon vor Ransel.

DR. HUT So Herr Ransel, jetzt sprechen Sie mal irgendwas hier rein!

RANSEL Was?

DR. HUT Irgendwas.

RANSEL Zählen vielleicht?

PROF. SAND Vielleicht was von Ihrer Familie, haben Sie Kinder?

RANSEL Ja.

PROF. SAND Und die machen doch sicher Freude.

RANSEL Mein jüngster Sohn, der will jetzt studiern, ich hab ihm gesagt, mach erst deinen Wehrdienst, der soll erst zum Barras –

PROF. SAND *zum Assistenten* Von 175 auf 200.

RANSEL Was?

PROF. SAND Nichts, nur weiter, Herr Ransel.

RANSEL Der war schon immer so labil, damit er erst arbeiten lernt. Zu Ihrer Zeit, da mußte man doch auch arbeiten auf der Universität, Herr Doktor, Sie haben doch auch arbeiten müssen, Herr Doktor?

DR. HUT Ja, er hat auch arbeiten müssen. Bitte genau ins Mikrophon sprechen!

RANSEL Oder soll ich was anderes sprechen.

PROF. SAND Nein, nur etwas lauter müßte er sprechen.

DR. HUT Stellen wir doch nach.

PROF. SAND Nein, das wird nichts. Herr Ransel, wissen Sie, zu meiner Zeit wären solche Jungs überhaupt nicht auf die Universität gekommen. Die hätte man gleich zum Tor raus gejagt.

RANSEL *laut* Total richtig! Die tun doch nur, was die drüben wollen. *Leise.* Agenten, alles Agenten, mein Sohn, seine Mutter!

PROF. SAND Ganz sicher, nur, Sie dürfen nicht so plötzlich die Lautstärke ändern. Sagen Sie das letzte noch mal!

RANSEL Daß die gelenkt wird, die Familienbande?

VERSUCHSLEITER Jetzt machen Sie mal nur: Eins. Zwei.

RANSEL Eins. Zwei?

PROF. SAND Eins, zwei, drei.

RANSEL Eins, zwei, drei? Ja gern. Aber da müßte ich erst mal in meinem Codebuch nachsehn, welche Tätigkeit das ist, einszweidrei. *Zwinkert.* Sie werden mirs wohl kaum verraten, Professor Sand, Deckname Erde, der Maulwurf.

Fränkel und Fränkel

Fränkel hat seine Frau und seine zwei Kinder erschlagen. Dr. Fränkel, sein Hausarzt, darf den Gefangenen besuchen, aber der Kommissar sieht keinen Grund, den Arzt mit dem Gefangenen in der Zelle allein zu lassen.

KOMMISSAR Völlig natürlich ist das, daß ein Mensch den andern umbringt. Unser täglich Brot ist das doch bei der Polizei. Was brauchen wir da Theorien, die niemand beweist, daß der Mensch von anderen gezwungen wird, heimlich einen Mord zu begehen.

DR. FRÄNKEL So hab ich das niemals gesagt. Der Mensch wird von Menschen gemacht. Es gibt einen Zwang, den wir einsehen und einen Zwang, der uns verheimlicht wird.

KOMMISSAR Dann soll der vielleicht ein Android sein, der Fränkel?

DR. FRÄNKEL Was ist denn das, Android?

KOMMISSAR Auch so eine neue Theorie. Ein künstlicher Mensch, ferngesteuert. Ich bin kein Philosoph, zum Teufel!

DR. FRÄNKEL Also zur Sache! Der Fränkel haut mit dem Beil das Fernsehgerät, weil es flimmert, zu Bruch und erschlägt die Frau und zwei Kinder. Aus was für einem Grund? Wie erklären Sie das?

KOMMISSAR Affekt! Reiner Affekt! Fernsehen, das bringt doch jeden in Wut. Am Tag im Dienst Reiberei, und abends hab ich dann Mühe, daß das Gesocks, für das man sich abschafft, einem erlaubt, im Fernsehen zu wählen, was ich will, und hab ichs gewählt, ist es mies und unscharf und flimmert. Dann läuft das Faß über. Das ist doch normal, wenn da einer verrückt wird.

DR. FRÄNKEL Normal?

KOMMISSAR Normaler als Ihre Behauptung von Fernsehbestrahlung!

DR. FRÄNKEL Ich habe nichts von Fernsehbestrahlung gesagt, der Fränkel bildet sich ein, an ihn seien durch Fernsehen, durch Flimmer- und Rauschsignale Befehle ergangen, die Frau und die Kinder, die er für Wechselbälge und Spitzel hielt, abzuschlachten. Und, damit keiner dem Drahtzieher nachgehen kann, das Gerät zu vernichten.

KOMMISSAR Und diesen Anonymus, wollen Sie sagen, gibt's wirklich? Kennen Sie den oder nicht, dann nennen Sie endlich mal Namen!

DR. FRÄNKEL Namen! Wieso soll ich Namen nennen? Das ist es doch gerade, daß es in diesem System den einzelnen Täter, an dem alles hängt, nicht mehr gibt. Wer so sucht, sucht falsch. Die Zentrale, untergebracht in einem einsamen Haus, von der all die schrecklichen Dinge ausgeheckt und gelenkt werden, gibts nicht.

KOMMISSAR Na also, das mein ich ja auch, daß der Fränkel nur spinnt.

DR. FRÄNKEL Auch falsch. Den Zwang, den er angibt, den spürt er doch wirklich. Nur faßt er ihn nicht, er faßt ihn in Bildern, macht sich Unfaßliches faßlich. Den Esel meint er und schlägt den Sack.

KOMMISSAR Was fürn Sack?

DR. FRÄNKEL Die Symptome!

KOMMISSAR Symptome! Symptome! Symptome! Doktor Fränkel! Sagen Sie endlich, was Sie hier wollen! Was wollen Sie mit Ihrer Theorie? Wer eine Theorie hat, der will was!

DR. FRÄNKEL Helfen will ich! Ich will mit ihm sprechen! Ihn fragen! Ihm helfen!

KOMMISSAR Das Helfen kenn ich! Mit zugeschobenen Zetteln und Waffen! Kurzum, ich kann Sie nicht allein mit ihm lassen, und nur weil Sie sein Hausarzt und entfernt verwandt mit ihm sind, kommt es überhaupt zu diesem Besuch. Also los!

DR. FRÄNKEL Kurt, du Kurt, kennst du mich? *Fränkel bleibt stumm.* Kurtchen, gib mir die Hand!

FRÄNKEL Ich geb die Hand niemand mehr. *Dr. Fränkel streicht ihm über den Kopf.* Bitte, Herr Doktor Sardanapel, mich nicht am roten Knopf berühren.

KOMMISSAR Also, da sehen Sie doch selbst. Bitte, kommen Sie jetzt. Morgen wird er ärztlich getestet.

DR. FRÄNKEL Das ist es ja, was ich befürchte. Die übliche Untersuchung, die bringt ihn ganz durcheinander! Ihr macht mir den Mann noch kaputt! Kurt, halt durch! Dein Doktor Fränkel holt dich hier auch wieder raus.

Ich bin Frankenstein

Dr. Kreisler, ein sehr alter Arzt, ist von Kommissar Engel vorgeladen worden.

ENGEL Herr Doktor, nur eine Routinegeschichte. *Nach draußen* Frau Lefefer!

Frau Lefefer auf. Kreisler fixiert sie, dreht dabei nervös an seinen beiden goldenen Eheringen.

ENGEL *mit Akte* Frau Lefefer hat uns vor einem Monat zu Protokoll gegeben, sie sei seit mehreren Jahrzehnten Patientin bei Ihnen, und immer zufrieden gewesen. ›Der beste Arzt der Welt‹. Aber als sie zuletzt wegen starker Kopfschmerzen zu Ihnen in Behandlung gekommen wäre, hätten Sie ihr zu einer zweiten Kopfoperation geraten. Die erste sei von Ihnen vor etwa zwanzig Jahren vorgenommen worden. Stimmt das?

KREISLER Ja.

ENGEL Als Grund für die Kopfoperation wäre von Ihnen die Angabe gemacht worden, Sie, Kreisler, hätten die Kontrolle über die Zeugin, Frau Lefefer, verloren. Der Empfänger, nach dem Stand vor 20 Jahren konstruiert, sei überaltert, möglicherweise defekt, dadurch entstünden die Zustände von Verwirrung und Kopfschmerzen, über die sich die Zeugin beschwerte.

FRAU LEFEFER *starrt auf die Ringe, die Kreisler dreht* Herr Doktor, ich könnte mir die Zunge abreißen! Wenn Sie mich vielleicht jetzt nicht mehr in die Behandlung aufnehmen. Ich wollte nur hier fragen, ob es sowas überhaupt gibt. Es stimmt ja alles nicht, Herr Kommissar!

KOMMISSAR Sie ziehen die Aussage zurück?

FRAU LEFEFER Ja, bitte.

KOMMISSAR Befürchten Sie, daß Doktor Kreisler Sie nicht mehr behandelt?

FRAU LEFEFER Nein. Ich habe keine Angst. Er tut nichts.

KOMMISSAR Dann warten Sie mal draußen! *Lefefer ab.* Herr Doktor, Sie müssen nicht denken, daß wir hier soviel Zeit haben, solchen Anschuldigungen prinzipiell nachzugehen. Wirklich nicht!

KREISLER *fixiert den Kommissar* Also nicht?

KOMMISSAR Nein. *Zu einer anderen Tür* Herr König! *König auf. Kreisler fixiert ihn, dreht nervös an seinen Ringen.* Herr König war, als Sie noch als Dozent auf der Universität arbeiteten, Ihr Assistent. Er erkrankte an einer Hirnhautentzündung und ist heute bei Ihnen als Gärtner und Hausmeister angestellt. Vor einem Jahr haben wir ihn, das wissen Sie wahrscheinlich, wegen einer exhibitionistischen Tätlichkeit vernommen. Die Aussage, die er damals machte, die übrigens der Grund ist, warum wir die Aussage der Frau Lefefer überhaupt aufgenommen haben, beinhaltete, Sie, Herr Doktor, hätten ihm den Gedanken zu dem Delikt eingegeben und hätten, nach Vollzug des Delikts, weiterhin gesagt: ›Das nächste Mal suchst du mir eine Jüngere aus!‹ Der Fall schien uns damals zu geringfügig, die Aussage zu unglaubwürdig.

KREISLER Eben.

KOMMISSAR Also, Herr König, hat Herr Kreisler zu Ihnen gesagt: ›Das nächste Mal suchst du mir eine Jüngere aus!‹

KÖNIG Er hat gesagt: ›Ich muß das erst ins Gewinde kriegen‹. Damit meint er die doppelte Drehantenne im Ring der Nibelungen. Wegen besagter Lungenkrankheit mußte ich die Universität verlassen, da hat der Chef geäußert: ›Ich muß dich zu höherem Zweck umfalten!‹ Und was bin ich jetzt? Ein Papier im Wind, als Drachen ablaßbar, wenn auch ohne Schwanz, und ein Grashalm, den der Sturm knickt und ein gewälzter Sand am Meer.

KOMMISSAR Herr Doktor, unter uns, meinen Sie, der Zeuge hätte Angst, er würde durch seine Aussagen hier die Stellung verlieren?

KREISLER Ach was.

KÖNIG Nein, nein! Er tut mir nichts!

KOMMISSAR Dann warten Sie mal draußen! *König ab.* Herr Doktor, ich weiß, Sie denken, wir halten Sie hier auf. Für mich ist das ja auch alles Unsinn.

KREISLER Ja.

KOMMISSAR Aber wenn sich die Aussagen häufen! Eine Routinegeschichte. Ihre Tochter hat uns, das heißt an die Presse, einen Brief geschickt. Wie alt ist Ihre Tochter?

KREISLER Zweiundzwanzig.

KOMMISSAR *mit Brief* Die Schrift einer Zehnjährigen! Haben Sie an Ihrer Tochter in ihrem zwölften Lebensjahr eine Gehirnoperation vorgenommen?

KREISLER Nein.

KOMMISSAR Das behauptet sie aber. *Nach draußen.* Fräulein Kreisler!

Vicky herein. Kreisler sehr nervös, dreht an seinen Ringen.

VICKY Er soll mir die Ringe geben, eher sag ich nichts. Gib mir die Ringe! Sonst sag ich, was du sonst sagst! *Zum Kommissar* Der gibt mir nie die Ringe zum Spielen.

KREISLER Kind, du bringst deinen Vater noch um mit deinem Geschwätz, Vicky!

VICKY Ja, ich bring dich auch um! *Zerrt an seiner Hand.* Der eine ist sowieso mir, der ist von der Mama! Und du brauchst keine zwei Ringe! Dann hab ich halt nur die Ringe im Kopf! *Tobt an ihm herum.* Das kannst du mit allen machen, aber mit mir nicht! *Plötzlich still.*

Sag was laut! Sag was laut! *Weint, umschlingt, küßt den Vater.*

KOMMISSAR Also lassen wirs! Verlorene Zeit.

Pratt

Hinterhof. Kommissar Engel läßt überprüfen, ob die Hilferufe, die Edgar, der in das Kanalloch gestiegen ist, simuliert, oben hörbar sind. In diesem Kanalloch ist Pratts Frau erstickt. Pratt behauptet, sie sei freiwillig in den Kanal gestiegen und habe auch nicht um Hilfe gerufen. Nach Feststellung des Gerichtsmediziners stand die Frau unter der Einwirkung eines starken Beruhigungsmittels. Um das Kanalloch herum stehen Engel, ein zweiter Polizist, der den dritten Polizisten Edgar an einem Strick hält, und Pratt. Was Edgar aus dem Kanal ruft, ist nur für Engel verständlich.

ENGEL *über den Kanal gebeugt, hört das dumpfe ›Hilf mir raus!‹ von Edgar* Ja, ich habs gehört! ›Hilf mir raus!‹ Nochmal was anderes, Edgar! *Edgar dumpf: ›Hilfe‹.* Ja ›Hilfe‹. Du sollst mal was anderes sagen! Irgendwas! *Edgar: ›Ja was denn?‹* ›Ja was denn?‹ Das mußt du dir schon selbst ausdenken! Der steht wieder auf der Leitung.

ZWEITER POLIZIST Jetzt laß ihn doch, Engel! Jetzt wissen wir doch, die Stimme ist hörbar, auch durch die Kleider!

ENGEL Die Frau hatte ein Röhrchen Tabletten intus, darum gehts doch. *Ins Loch* Edgar, irgendwas, und zwar leise! Was ißt du denn am liebsten? *Edgar: ›Im Grunewald ist Holzauktion‹* Was ist? Nochmal! *Edgar: ›Im Grunewald ist Holzauktion‹* Ja. ›Im Grunewald ist Holzauktion‹? Was soll denn das? Komm hoch! So, Herr Pratt, jetzt raus mit der Sprache! Sie sehen, die Stimme ist deutlich hörbar, also von wegen keine Verständigung! Also entweder Ihre Behauptung stimmt, daß Ihre Frau freiwillig, bei vollem Bewußtsein eingestiegen ist. Dann hätte sie Ihnen doch sicher zugerufen, daß sie feststeckt und wegen des Mantels keine Luft mehr bekommt, aber Sie wollten das nicht hören! – Oder Ihre Frau hat, wie Sie außerdem behaupten, wirklich kein Wort mehr gesagt. Das kann aber doch nur heißen: Ihre Frau war nicht mehr bei Bewußtsein, als sie von Ihnen in den Kanal gestopft wurde! *Zum zweiten Polizist* Los hochziehen! *Zu Pratt* Eins von beiden, Herr Pratt! Suchen Sie sich was aus! *Edgar wird aus dem Kanal gezogen. Er ist in Frauenkleidern, die ihm über den Kopf gerutscht sind. Engel zu Edgar* Was sollte denn das ›Im Grunewald ist Holzauktion‹?!

EDGAR *kann kaum noch stehn* Das ist mir so eingefallen.

ENGEL Aber was sollte das heißen?

EDGAR Das ist ein Schlager.

ENGEL *zu Pratt* Außerdem, sehen Sie, ist Ihre Angabe falsch, daß ein Mann den Körper allein nicht herausziehen kann, da machen die Kleider gar nichts.

PRATT Sie ist freiwillig abgestiegen, im Sinne von Lehre und Forschung.

ENGEL Und was sollte dann das auf dem Zettel heißen: »Den Wechselbalg retour, weitere Unterwanderungsversuche bei mir zwecklos.« Was sollte das heißen, Antwort!

PRATT Darüber kann ich nicht sprechen.

ENGEL Herr Pratt, durch diesen Hinterhofkanal kann kein Mensch, auch keine zierliche Frau, zu den Hauptgängen kriechen. Das sieht man, wenn man hineinsieht. Und Sie behaupten, das haben Sie nicht gewußt.

PRATT Das habe ich auch nicht gewußt, weil mir die Stadtreinigung jede Hilfe verweigert hat. Da sitzen doch die Verantwortlichen, die mir keine Unterlagen geschickt haben! Sonst wäre die Expedition nicht von hier ausgegangen und meine Frau würde noch leben. Schließlich ist das ja mein Verlust und mein Geld und meine Frau! Was hängen Sie sich da rein? Die Frau hatte nichts vor der Heirat! Jahrelang hab ich mein Geld in ihre Ausbildung gesteckt, denn schließlich kann man ja heute nicht mehr wie früher mutterseelenallein losgehen. Einer muß draußen bleiben, sonst kommt die Information nicht an.

ENGEL Also Sie geben damit doch zu, daß Ihre Gattin nicht freiwillig in diesen Kanal hier gestiegen ist, oder?

PRATT Sicher! Ein Forschungsandroid macht doch gar nichts freiwillig. Oder steigt der Edgar vielleicht freiwillig in diesen Kanal?

ENGEL Jetzt sprechen Sie selbst vom Kanal. Gestern hieß es noch Mund?

PRATT Was?

ENGEL Mund! Das war der Mund, in den Ihre Frau einstieg! Also jedenfalls ein Mund von vielen, jedenfalls eine Körperöffnung, oder die Öffnung einer Gehirnwindung?

PRATT Ich weiß nicht, was Sie meinen!

ENGEL Jetzt stellten Sie sich doch nicht dumm. Sie haben das doch gestern zu Protokoll gegeben, bezüglich Hebeopfer und Senkopfer, und daß Sie einen Auftrag haben.

PRATT Sicher habe ich einen Forschungsauftrag, und wenn ich den nicht erfülle, dann werde ich doch selbst geschluckt.

ENGEL Vom Drachen London?

PRATT Von wem?

ENGEL Vom Drachen London, dessen Auge kein Schlaf kennt, und der mit Feuer und Zischen kämpft, das wollen Sie doch aus der Zeitung entnommen haben.

PRATT Ich weiß nicht.

ENGEL Aber gestern haben Sies noch gewußt.

PRATT Ich kann mir nicht alles behalten, was Sie sich ausdenken.

Versuchsperson unbekannt

Eine Glaswand, davor auf einer Bahre eine bandagierte Person, dahinter an Geräten ein junger und ein alter Mann. Der Alte zieht Hebel, drückt Knöpfe. Der junge macht Notizen. Die Versuchsperson zuckt, erhebt sich, geht auf die Glasscheibe zu, stößt mit der rechten Hand an, faßt mit der linken an die rechte Hand und zuckt, als habe sie einen Schlag bekommen. Sie faßt mit der linken Hand an den Körper und wieder zuckt sie zusammen. Sie faßt mit der rechten Hand an die Brust, zuckt. Der Alte schaltet hastig. Die Person faßt sich auf den Bauch und windet sich in Zuckungen. Der Alte zieht einen Hebel, die Versuchsperson fällt um. Der junge Mann drängt den Alten vom Schaltpult weg, zieht den Hebel zurück, die Person erhebt sich, berührt sich flatterhaft zuckend, stößt mechanisch einen immer gleichen Schrei aus und bewegt sich auf die Scheibe zu. Gerangel zwischen dem alten und dem jungen Wissenschaftler, Gezerre an dem Hebel, die Versuchsperson fällt um.

Leiche eines Unbekannten

Gerichtsmediziner und Kommissar vor einer Leichenwanne. Rätselhafter Fall. Selbstmord oder Mord? Das Strangulierungswerkzeug war durchschnitten. Mediziner hebt kurz das Tuch, das die Leiche bedeckt. Der Kommissar weicht zurück. Der Mediziner lacht verlegen.

MEDIZINER Ja, ich wollte Ihnen das doch noch zeigen, eh wir ihn aufsäbeln.

KOMMISSAR Aber gestern war der Kopf doch noch blau!

MEDIZINER Ja, das war auch normal! Der Wollgürtel hat bei den Krämpfen nachgegeben, dadurch wurde noch Blut in den Kopf gepumpt. Aber diese Farben! Erst dachte ich an eine verpfuschte Hauttransplantation.

KOMMISSAR Silbrig.

MEDIZINER Und da! Zwei weißliche Dreiecke!

KOMMISSAR Herr Doktor, was anderes: Der Wollgürtel war durchschnitten, und wir wissen nicht, wer ihn durchschnitten hat. Wir wissen nur, daß er mit dem Messer durchschnitten wurde, das der Mann da in der Hand hielt, als wir ihn fanden. So viel verstehe ich von Gerichtsmedizin als Kriminalist ja selbst, um zu wissen, daß die Lösung nicht in Frage kommt, und trotzdem will ich nochmal den Fachmann fragen: Es ist doch undenkbar, daß ein Mensch, wenn er einmal in die Schlinge gefallen ist, sich selbst noch befreit.

MEDIZINER Ja. Nein. Ausgeschlossen!

Durstige Person

Person, bandagiert, an Drähten und Schläuchen.

SCHWESTER *am Telefon* Ganz sicher bin ich nicht, aber ich meine er hätte sich eben bewegt. Doch jetzt deutlich! Er bewegt sich.

Frau Dr. Fragonard, gefolgt von Assistenten, herein.

DR. FRAGONARD Bewegt, was? *Alle halten ihre Ohren über die Person.* Was sagt es?
ASSISTENT Es sagt: »Ich will was zu trinken!« Soll ich antworten?
DR. FRAGONARD Nur nicht! Noch nicht! Verstehen Sie das? Was will das denn trinken?

Ein Schwein

Über die Mauer einer Klinik klettert ein riesiger, bis auf Augen und Nasenlöcher bandagierter Mann. Passanten verfolgen den hilflos tappenden Flüchtling.

MEISTER Ah! Ja. So ein Schwein! Abhauen! So siehst du aus! Festhalten! Ja dann halt den doch fest, du Heini!

HEINI Halten Sie ihn doch fest!

Das sogenannte Schwein weicht dem sogenannten Heini aus und rasselt einem Mann, der ein Rad schiebt, in die Quere.

MITRAD Mein Rad, du Sau!

MEISTER Ja dann halt den doch fest, du da, mit Rad!

MITRAD *packt zu* Wer ist der, Meister?

MEISTER Über die Mauer ist der! Von der Anstalt!

Mitrad läßt angeekelt Einschwein los. Einschwein taumelt weiter. Heini stellt ihm ein Bein. Meister stellt einen Fuß auf Einschwein.

DADRÜBEN Aufhörn!

MEISTER Halt du dochs Maul, dadrüben! So Schlappschwänze, die haben wir grad gern!

DADRÜBEN Der Mann ist krank!

MITRAD Der kriegt eine Abreibung! Für mein Rad! Wenn die von der Anstalt erst kommen, isses doch wieder Essig!

MEISTER Na los! Sie dürfen zuerst.

MITRAD Nein Sie.

MEISTER Dann Sie! Sie haben ihn erwischt! Ein Tritt!

HEINI Lieber später! Treten ist niks. Das muß seine Ordnung haben. Auspeitschen! Mit einem Ledergürtel. Meiner ist aus Gummi.

MEISTER Du hast den richtigen Gürtel.

MITRAD Den brauch ich, ich muß noch zum Friseur!

MEISTER Hast du einen Gürtel?

DADRÜBEN Nur Hosenträger! Nur Hosenträger!

MEISTER Logisch!

HEINI Schlappschwanz!

MITRAD Logisch! Hosenträger! So Typen sind doch auch schuld an allem! *Sie keilen Dadrüben ein.*

DADRÜBEN *reißt sich die Hosenträger ab* Bitte hier, probiern Sies, probiern Sie ihr Glück.

MEISTER Na dann wollen wir mal! *Will Einschwein eins überziehen, die Hosenträger verwickeln sich.* Das ist doch Scheiße, mit Hosenträgern!

MITRAD Kürzer fassen!

Meister schlägt, Einschwein windet sich davon.

MEISTER Also einer muß den schon festhalten, ihr Praktiker!

Einschwein robbt Richtung Mauer. Alle hinterher. Dadrüben fallen die Hosen herunter.

DADRÜBEN Die Hosenträger übern Kopf! Hals! Schlinge! Mein ich!

MEISTER *schleudert Einschwein die Hosenträger über den Kopf* Auf Staatskosten ernährt.

HEINI Das war der Trick!

DADRÜBEN Improvisieren können muß der Mensch!

MEISTER Jetzt haben wir nichts mehr zum Schlagen!

DADRÜBEN *suchend ab.*

MITRAD Wenn ich nur meine Fahrradpumpe hätte.

MEISTER Ja! Her damit!

MITRAD Hab ich nicht dabei! Die wird immer geklaut.

HEINI *winkt* Moni! Moni! *Moni nähert sich.* Moni! Wir brauchen eine Fahrradpumpe!

MEISTER Ein Gürtel tuts auch!

MONI Wer ist das?

HEINI Der kriegt eine Abreibung.

MONI Was machst du denn bei sowas!

HEINI Weiß ich doch nicht.

MEISTER Wie wärs, wenn der Herr uns mal den Reifen von seinem Rad abmacht. Ohne Luft zieht der gut!

MITRAD Und wie krieg ich dann die Luft wieder drauf?

MEISTER Was seid ihr für Flaschen! Man organisiert und organisiert! Stellt der sich an mit seiner Luft!

HEINI *zu Moni* Eben wollt der abhauen, da hab ich ihms Bein gestellt.

MONI Warum?

HEINI Reaktionsgeschwindigkeit!

DADRÜBEN *schreiend zurück* Ich hab was! Ich hab was!

MEISTER Der schreit wie am Spieß. *Alle lachen.* Schrei doch nicht wie am Spieß! *Alle lachen weniger.*

DADRÜBEN *zeigt* Ein Stein!

MEISTER Du machst dich, Junge! An den Kopf!

HEINI Aus der Nähe hat das keine Wucht. Stein her! *Nimmt Abstand.*

MEISTER Du triffst mich! Das ist doch niks, ein einziger Stein! Der Drückeberger soll endlich seinen Reifen rausrücken!

Alle sehen Mitrad an, Mitrad läßt die Luft aus dem Reifen. Einschwein reckt unruhig den Kopf.

MEISTER *zu Mitrad* Glotz nicht so aus der Wäsche! Stülp dem mal die Aktentasche über den Kopf!
MITRAD Da sind Akten drin!
MEISTER *zu Moni* Dann die Einkaufstasche.
MONI Dann kann ich nachher das Brot nicht mehr reintun.
MEISTER Es spielt sich nichts ab in diesem Lande.

Mitrad räumt die Aktentasche aus. Heini stülpt die Tasche Einschwein über den Kopf.

MEISTER *mit dem Reifen* Jetzt bringen wir dir die Flötentöne schon bei.
HEINI Weiter oben schlagen.
MEISTER Quatsch nicht.
MITRAD Man hört keinen Ton!
MEISTER Der hat doch das Maul verwickelt, ihr Vollidioten! Da mußt du erstmal die Kraft haben, daß du durch die Bandagen durchkommst!
MONI Auswickeln muß man den.
MEISTER Wenn Sie den vielleicht auswickeln wollen, Fräulein.
HEINI Geh heim, Moni! Daß was auf den Tisch kommt. Jetzt wollen wir doch mal sehen. *Macht sich an den zweiten Fahrradreifen ran.*
MITRAD Finger weg vom Rad!
DADRÜBEN Das ist doch alles Pfusch! *Wirft seinen Stein.*
MEISTER Willst du uns alle umbringen. *Läßt die Hosenträgerschlinge los. Einschwein wälzt sich seitlich Richtung Mauer.*

DADRÜBEN *zieht die Hosen hoch* Was spielst du dich auf, alter Trottel!

HEINI Tut, als hätt er das Schwein da gepachtet, der Penner!

MEISTER Ich war im Krieg! Ich war im Krieg!

MITRAD So siehst du auch aus. *Zu Heini* Mein Reifen her! Du schlägst mir nicht mit meinem eigenen Reifen! *Kann Heini nicht greifen, da er die Hände voll Akten hat. Tritt nach Heini.*

HEINI Au! Das tut doch weh, sowas! Ans Schienbein! *Zu Moni* In die Küche, hab ich gesagt!

MONI Achtung! Es kriecht!

Alle treten Einschwein in den Bauch, die Verbände bluten durch.

MONI *zieht Heini weg* Die Polizei!

MEISTER Die kann mich am Arsch lecken, die Polizei, die tut doch rein gar nichts dagegen. *Gibt Mitrad den Reifen, verzieht sich.*

MITRAD Die können gleich auch eins mit in die Fresse haben, die Bullen. Ich gehe. *Grabscht sich den zweiten Reifen. Mit Reifen und Akten schnell weg.*

DADRÜBEN Immer zu spät, die Bullen! *Ab.*

POLIZEI Warten Sie mal! Stehenbleiben! Halt!

Einschwein liegt am Boden, die Aktentasche über dem Kopf.

POLIZEI *starrt lange auf das Rad* Was ist das? Wer fährt mit einem Rad ohne Reifen?

2 Mund im Kopf

Mund im Kopf

Klinik. Professor Sand sucht für eine Vorlesung einen Demonstrationsfall. Sein Assistent Dr. Hut führt ihm Frau Specht vor.

Dr. Hut hält der Frau Specht, die auf ihrem Bett sitzt, eine leere Schnapsflasche vor.

DR. HUT Frau Specht, können Sie mir das erklären?
SPECHT Meinen Sie den Mund im Kopf?
DR. HUT Ich meine diese Flasche! Diese Flasche, die unter Ihrer Matratze war! Wieso?
SPECHT Weil ich einen Mund im Kopf habe.
PROF. SAND *humorig* Einen Mund im Kopf, den hab ich auch.
SPECHT *regt sich auf* Einen Mund im Kopf? Sie haben auch einen Mund im Kopf?
PROF. SAND *blättert in der Krankenakte* Ja, ich habe auch einen Mund im Kopf.
SPECHT Dann verstehn Sie doch auch, was das für Schmerzen sind, wenn man nicht mehr unterscheiden kann, was von innen kommt, was von außen.
PROF. SAND *blättert* »Von außen, von innen« – meint sie was Bestimmtes?

SPECHT *begeistert, daß ihr jemand zuhört* Der Mund von außen, das ist der Befehl. Als Beispiel: Wenn der Herr Doktor hier sagt: Runter mit den Pillen!

DR. HUT *streberhaft* Auch typisch, diese Philosophiererei!

SPECHT Aber der Mund von innen, das ist, wenn meine Mutter sagt: »Kannst ruhig wegziehen, ich halte dich nicht!«

PROF. SAND Herr Hut, soll das der Fall sein, den Sie mir versprochen haben?

SPECHT *macht immer noch den doppeldeutigen Ton der Mutter nach* »Du wirst schon sehn, ob du dann allein zurecht kommst.«

DR. HUT *gekränkt* Ja, das ist Frau Specht. Schluß jetzt mit dem Gefasel! Welcher Irre hat hier diesen Alkohol in die Klinik geschmuggelt! *Fuchtelt mit der Flasche vor Frau Specht herum.*

SPECHT *übergeht auch diese Frage* Wenn meine Mutter sagt: »Geh du nur aus! Vergnüg du dich nur! Bleib nur weg bis in die Puppen!« Das ist der Mund im Kopf. Von innen.

PROF. SAND Jetzt machen Sie aber mal vorwärts, Hut! In zehn Minuten hab ich die Vorlesung und ich brauch den Fall!

DR. HUT *markiert großen Zorn* Geben Sie es zu! Sie haben die Flasche ausgetrunken!

SPECHT *säuselt* »Laß deine Mutti ruhig allein. Du wirst schon sehn, wenn ich nicht mehr bin!«

PROF. SAND Alles ganz nett, aber sie hatten mir doch eine hochgradige Erregung mit sofortiger Aggressivität versprochen.

DR. HUT Ja! Ja! Tut mir ja auch leid! Die Frau ist sonst, ich schwörs, Herr Professor, hochgradig aggressiv, gerade, wenn man sie auf Unwahrhaftigkeit festlegt, gestern hat sie mich noch beispielhaft tätlich angegriffen! Gelt, Frau Specht? Wir warn doch sonst immer gleich aggressiv?

SPECHT »Laß deine Mutti nur ruhig allein in der großen Wohnung!«

Dr. Hut laut, monoton, denn er hat nie gelernt, seinen Ärger auszudrücken.

DR. HUT Geben Sie zu! Sie haben die Flasche, trotz des strikten Verbots, einfach ausgesoffen!

SPECHT Aber ich kann nichts dafür.

DR. HUT Sie lügt! Die Tante lügt hier doch wild in der Gegend rum.

PROF. SAND Herr Doktor Hut, das ist ein Patient!

SPECHT *ruhig* Ich lüge nicht. Ich kann doch nur nicht unterscheiden, hab ich jetzt Lust, einen Korn zu trinken oder sagt der Mund in meinem Kopf »Trink nur! Trink nur! Du wirst schon sehn, wies dir bekommt!«

PROF. SAND Verwaschen! So viel Zeit hab ich nicht. Nehmen wir doch diesen Raubmörder wieder, diesen –

DR. HUT Die Mutter müßte her! Bei Besuchen der Mutter kam es regelmäßig zu Gewalttätigkeiten!

PROF. SAND Herr Doktor Hut, ich suche für meine klinische Demonstration einen klaren Fall. Jetzt soll ich meinen Studenten im Hörsaal sechs eine fremde Mutter servieren! Schaffen Sie mir diesen Schläger her, diesen Marr!

SPECHT Halten Sie den Mund jetzt! Meine Herren, zu Tode soll ich mich saufen, weil mein Mund es will.

DR. HUT Jetzt halten Sie den Mund! Halten Sie einmal ihr Maul!

SPECHT Maul?

DR. HUT Das Maul im Kopf. Hier das da! Der Mund im Kopf!

Luftröhre Speiseröhre

Im Wohnzimmer.
An einem Tisch sitzt ein junger Mann und liest Zeitung. Eine junge Frau strickt. Eine ältere Frau greift nach einem Keks und führt ihn langsam zum Mund. Der junge Mann entdeckt es, die junge Frau entdeckt es, sie können nicht mehr eingreifen. Die Alte schluckt. Stummes Entsetzen. Die Alte sieht verwundert auf.

Im Hals

Der Angestellte Brand trifft in einem Lokal seinen Vorgesetzten Arnd. Er nutzt die Gelegenheit zu einer Bitte um Protektion.

ARND *ißt mit Messer und Gabel ein Schinkenbrot* Es tut mir leid, Herr Brand, da kann ich selbst nichts machen, ich bin ja auch gebunden, ich kann nicht einfach sagen, stellen wir den Mann ein. Ich finde das ja gut und schön, was Sie mir da erzählen, aber dafür gibt mir keiner was, unter uns. *Brand beobachtet Arnd beim Essen, als hätte er noch nie jemand gesehen, der ißt. Arnd wird unruhig.* Was ist denn? Soll ich Ihnen auch was bestellen. Ich lade Sie ein.

Brand starrt weiter auf Gabel und Mund Arnds. Arnd verschluckt sich. Brand beobachtet den Vorgang des Würgens.

BRAND Was ist denn da?
ARND Ich habe mich verschluckt. Ich kann nicht vertragen, wenn mir auf dem Mund geglotzt wird.
BRAND Ich meine: Was ist da eben im Hals vorgegangen?

Zigarette und Daumennagel

Ewald neben Georg hergehend, spricht mit seiner Zigarette.

EWALD Ja, Georg, wirklich, aber wir müssen uns mal richtig darüber aussprechen. *Er sieht seine Zigarette an. Georg sieht plötzlich auch auf die Zigarette von Ewald, dieser prüft die Zigarette.* Was ist denn da?
GEORG Nichts. Gar keiner.
EWALD *spricht weiter mit seiner Zigarette* Du hast da ein paar Sachen angestellt, Sachen sind dir unterlaufen, sage ich. *Er fängt einen Blick Georgs auf die Zigarette auf und steckt sie in den Mund. Seinen Daumennagel anblickend.* Deswegen dachte ich, müßte man in Ruhe sprechen, vielleicht am Abend.

Georg starrt auf Ewalds Daumennagel. Ewald schnell vorwärts, Georg ihm nach.

Brust

Mutti observiert durch einen Spalt der Fenstervorhänge Passanten.

MUTTI Jetzt sieh dir den mal an! Was macht der denn da? Komm mal her! Was macht der denn da? Das ist ja ekelhaft!

VATI Was denn?

MUTTI Sowas Ekelhaftes! Auf der Brust. Komm mal schnell her, so ein junger Mensch, und wieder keiner von der Polizei da.

VATI Was war denn?

MUTTI *schüttelt sich* Nichts. Schon vorbei.

Herr Marquis

Vor acht Jahren hat sich Erwin in sein Zimmer zurückgezogen. Rosi, seine Frau, versorgt ihn. Ein alter Freund kommt zu Besuch.

ROSI Er erkennt dich doch nicht mehr! Erspar dir das, Harry!

HARRY Wenigstens mal sehn! *Er sieht in einen Nebenraum, aus dem ununterbrochen ein Stampfen zu hören ist.*

Wer? *Das Stampfen bricht ab.* Aber ich hab keine Hände! Ich hab doch nur meine Hände! Also dann auf Wiedersehn, Erwin! *Das Stampfen geht weiter.* Acht Jahre jetzt! Kann ich denn irgendwas für dich tun, Rosi?

ROSI Gar nichts!

HARRY Wer soll denn dieser Marquis sein?

ROSI Weiß ich nicht, vielleicht hat er dich verwechselt.

HARRY Erst dacht ich, er erkennt mich.

ROSI Kann schon sein.

HARRY Aber ›Rück meine Hände heraus!‹ Was meint er damit? Hat er vielleicht das Gefühl, daß ihm die Hände gelähmt sind?

ROSI *kurz* Nein! Ich weiß auch nicht!

Robby und Schätzchen

Robby ist nach einem Autounfall aus dem Krankenhaus entlassen worden. Er hat sich mit seiner Freundin in einem Café verabredet.

ROBBY Da bin ich wieder im Lande. *Schätzchen riecht.* Du, ich glaub, das bin ich, was so riecht. Ich weiß auch nicht, so hab ich doch früher nicht gerochen.

SCHÄTZCHEN Nein. Das Desinfektionsmittel vielleicht aus dem Krankenhaus.

ROBBY Du, ich bin über eine Woche wieder raus, und Mittel nehme ich auch keine. Es geht nicht weg. Aber sonst alles klar! Du siehst gut aus, Schätzchen. Nur mein rechtes Bein, das muß ich trainieren. *Bewegt es.* Aber die Hand hier! *Bewegt sie.* Alles beim alten. Gehn wir zu mir! Was ist? Du, fühl mal hier. *Zieht das Hosenbein hoch. Schätzchen fühlt widerwillig, Hand zurück. Robby lacht.* Das ist der Stahlnagel! Komm, wir gehn. Und nächste Woche kaufe ich mir selbst einen Wagen. Den brauch ich jetzt, den muß mir die Versicherung vom Peter bezahlen, und für den Rest sind halt die Eltern von Peter dran, die habens ja, und wenn der Arsch nicht fahren kann und die Nerven verliert, Entschuldigung – sowas sagt man nicht – und er hat ja seine Strafe, ich meine, es ist ja auch für ihn das Beste, denn der Junge war nicht mehr zu reparieren, so wie der ausgesehen hat. Und nur Brei durch den Schlauch ein Leben lang. Und das hätte mir nämlich auch passieren können, und dafür muß bezahlt werden, für den Schreck.

SCHÄTZCHEN Wie war denn das, in dem Moment, die Angst. Oder wie du aufgewacht bist?

ROBBY Vergessen, Schätzchen, alles vergeben und vergessen. Ich find, ich hab mich nicht verändert. Aber mich soll keiner für dumm verkaufen. Sieh dir mal mein Gesicht an! *Schätzchen sieht ihm ins Gesicht.* Was ist denn?

SCHÄTZCHEN Was?

ROBBY Den Blick mein ich, von dir. So komisch. Ein bißchen anders bist du schon geworden. Irgendwas passiert inzwischen? Hier! *Zeigt.* Rechts mußt du hinsehen! *Sie sieht hin.* Haut vom Oberschenkel ist das! In vier Wochen ist nichts mehr zu sehen von der Geschichte. Was ist denn? Oder hab ich mich verändert?

SCHÄTZCHEN *aufgesetzt* Nein, gar nicht.

ROBBY Und dafür hab ich dann nächste Woche meine eigne Karre.

Holger

Gaby geht mit ihrem Freund über die Straße, als sie plötzlich einem Mann, der aussieht wie ihr früherer Freund Holger, begegnet.

HOLGER *freudig auf Gaby zu* Gaby, was machst du denn hier? Kennst du mich, kennst du mich nicht mehr? Holger! *Beide starren sich erschrocken an.* Entschuldigung, eine Verwechslung! *Er entfernt sich.*

MANN Wer war das? War das dieser Holger?

GABY Du lieber Himmel, das war doch gar nicht Holger! Wer war das?

MANN Vielleicht von Holger angesetzt als Spitzel?

GABY Aber ausgesehen hat er wie Holger! Wer war das?

Klotz und der mögliche Müffi

Klotz, in Arbeitskleidung, trifft auf der Straße einen Herrn, den er für seinen Klassenkameraden Bayer hält. Der Herr in feiner Schale.

KLOTZ Entschuldigen Sie, daß ich, denn ich wollte nur fragen, ob Sie vielleicht Müffi sind, Heinrich mit eigentlichem Namen. Wie hast du denn noch mit Nachnamen geheißen, Müffi? Neben dir hat Jumbo, der Schneider gesessen. Dann helfen Sie mir doch mal! Baranski, Boranski, Birinski, nein Bayer, ja Bayer oder sowas! *Sie sehen sich an.*

MÜFFI Es tut mir leid, daß ich Sie und daß Sie mir –

KLOTZ Klotz! Peter Klotz! Klotzkopf. Ich meine, das war mein Name. Auch heute noch. Und Sie, dacht ich, wären der Bayer!

MÜFFI Ich sehe nur, daß Sie betrunken sind, Herr Klotz! *Will weiter.*

KLOTZ *faßt ihn* Jetzt mach doch hier nicht den feinen Pinkel. Entschuldigung. Lessing-Schule, Renate Körner! *Sie glotzen sich verlegen an.* Das Renatchen!

MÜFFI *faßt sich* Ja. Ja. Jetzt lassen Sie mich mal los.

KLOTZ Das blonde Renatchen! Reni! *Sie glotzen sich an.* Da! Die Narbe am Kopf. Du bist erkannt! *Er will dem möglichen Müffi an den Kopf fassen. Dieser schrickt zurück, Klotz läßt ihn los, aber der mögliche Müffi bleibt in größter Angst an der Stelle.*

MÜFFI Ich kenne den nicht! Ich kenne den nicht!

KLOTZ *gleichfalls vor Schrecken zitternd* Es war nicht so gemeint, ich bin auch nicht sicher. Verzeihung, Verzeihung!

Kind Kind

MUTTER *zum Kind, das in regelmäßigen Abständen würgt* Jetzt sag ihm, wenn es so weiter macht, darf es heute überhaupt nicht heraus.

Das Auge

Polizist und junger Mann sehen in eine Mülltonne. Der Polizist zieht vorsichtig einen Wollfetzen mit vielen bunten Fäden heraus.

JUNGER MANN Sagen Sie mal, da rechts, was so aussieht wie ein Auge, hat sich das eben bewegt, oder spinn ich?

Beide sehen sich an und entfernen sich betont unauffällig in verschiedene Richtungen.

Satz und Kuß

Gaby und Helmut gehen Hand in Hand spazieren.

GABY Erst sag!
HELMUT Warum?
GABY Vorher gibts gar nichts.
HELMUT Warum, du bist doch kein Kind, das geht heute nicht mehr.
GABY Dann darfst du, aber vorher mußt dus sagen. Sowas von schäbig.
HELMUT Ich kauf dir lieber was!
GABY Meine Hand her, jetzt läßt du dafür auch die Hand los!
HELMUT Gut, wenn du mir so kommst, dann hängts mir auch schon zum Hals raus. Wegen mir ›Ich liebe dich. Ich liebe dich.‹, Scheiße nochmal.

3 Autolenker

Gehirn

Ein Ehemann ist erschöpft von der Arbeit gekommen.

FRAU *streicht dem Mann über den Kopf* Schalt doch mal ab!
MANN Was?
FRAU Schalt doch einfach mal ab!
MANN Hast Du »Schalt doch mal ab« gesagt?
FRAU Ja, warum?
MANN Sagst Du jetzt auch schon »Schalt doch mal ab«?
FRAU Ja, warum?

Gattin des Stadtrats

Büro eines Kaufhauses. Die Gattin des Stadtrats wird vor ihrem Gatten, dem Abteilungsleiter und dem Hausdetektiv von einer Verkäuferin gewaltsam entkleidet. Die bizarre Kontur ihres Körpers unter dem Mantel wird von vier Pullovern, drei Taschen und zwei Suppentellern gebildet.

STADTRAT Daß du mir sowas machen mußt.

GATTIN Dir hab ich es nicht gemacht.

STADTRAT Doch, mir! Mir! Ich muß das ausbaden, weil du dich nicht zusammenreißen kannst. Was willst du mit drei Handtaschen? Die Frau hat doch alles.

ABTEILUNGSLEITER *zur Verkäuferin* Sie können gehen! Herr Stadtrat, Sie können nun wirklich nichts dafür heute. Ich hab grad ein Bild von Ihnen in der Zeitung gesehen, deswegen wollen wir das auch unter uns ausmachen, selbst wenn ich Ihre Gattin schon seit Monaten beobachte bei dieser Tätigkeit.

VERKÄUFERIN *in der Tür* Gestern war das Bild in der Zeitung.

STADTRAT Für was brauchst du drei Taschen?

GATTIN Ich brauche sie nicht, ich nicht.

STADTRAT Da sagt sies selbst.

ABTEILUNGSLEITER Sie müßten uns nur gestatten, daß unser Detektiv bei Ihnen zu Hause mal kurz durchsieht, ob da sonst noch was ist aus der letzten Zeit.

STADTRAT In meinem Haus?

GATTIN In meinem Zimmer finden Sie auch gar nichts.

STADTRAT Da sagt sies selbst.

DETEKTIV Herr Stadtrat, halten Sie es für möglich, daß Ihre Gattin diese Massen von Diebesgut weitergeleitet hat?

STADTRAT Warum? Sie bekommt alles von mir! Was sie will.

DETEKTIV Sie hat vorhin die Angabe gemacht, sie hätte von einer ›Europäischen Gesellschaft für gesteigerten Warenaustausch EGEWAU‹ einen Auftrag. Diese Gesellschaft hätte ihre Hände unter Kontrolle. Klar, alles phantastisch! Man könnte aber an Hypnose denken.

STADTRAT Muppi, was erzählst du denn da für ein Zeug. Du willst dich wieder ins Irrenhaus bringen oder was für Wünsche sonst?

DETEKTIV Für mich ist das auch sonnenklar. Das passiert hier doch ständig, daß die klauen, die nichts brauchen. Aber was meint die Frau mit den Händen?

Meinlieber

In seinem Zimmer im neunzehnten Stock sitzt ein junger Mann und denkt, die übrigen Bewohner des Hauses hätten sich gegen ihn verbündet. Er steht am Fenster und bringt durch Brummen in eine Tüte laute Töne hervor. Er lauscht, dann brummt er wieder, lauscht, brummt. Klopfen an der Wand. Meinlieber brummt lauter, dann leiser. Klopfen.

WOLFGANG *durch die Wand* Ruhe! Ich muß arbeiten!

MEINLIEBER *zuckend* Halt du doch Ruhe! Halt du doch Ruhe! *Klopfen an der Wand. Meinlieber horcht zuckend. Klopfen an der Tür.*

WOLFGANG Mein Lieber, jetzt hab ich aber genug. *Meinlieber hält still.* Mach auf, ich bin's, Wolfgang, Wolfgang. *Meinlieber schließt auf.* Ich muß dir mal was sagen. Daß du mir erheblich allmählich auf die Nerven gehst, und anderen auch, ich glaube nämlich, daß du langsam spinnst. *Meinlieber klappert mit den Zähnen.* Das muß du doch einsehen. Deine Zettel lese ich gar nicht mehr. Wir wohnen Tür an Tür, und du verkehrst *zieht zerknitterte Zettelchen aus den Taschen* und du verkehrst mit Zetteln. ›Zur Kenntnisnahme‹, ›Blatt 16: Veränderung‹. Wer sich verändert hat, das bist du! Ich hab mich nicht verändert. ›Flusen in Ecken‹, wenn dein Zimmer dreckig ist, dann weil du es nicht sauber machst! ›Blatt 17: Wursthaut‹. Was soll ich davon haben, meine Wursthaut zu sammeln und in deinem Zimmer zu verstreuen? Hier die Apfelsinenschalen, die sind wohl auch von mir! Das sind deine Apfelsinenschalen, deine! Deine Apfelsinenschalen und nicht meine Apfelsinenschalen. Meine Apfelsinenschalen wandern in den Müllschlucker. ›Blatt 21: Musik‹. Das Gebrumm auf der Tüte, das nenn ich wirklich nicht Musik, aber wenn der Typ auf der anderen Seite an die Wand klopft deswegen, dann heißt das noch lange nicht, daß ich mich mit dem abgesprochen habe. Wie heißt der? Der heißt Pfaff! Aber ich kenn den nicht! Ich hab ihn ein paarmal gesehen, weil er auch hier im 19. Stock wohnt. Hier im Haus wohnen zweihundert oder dreihundert Leute, und du behauptest, ich würde sie alle kennen. Wen kennst du denn? Wenn du vielleicht mal aus dem Fenster sehen würdest! *Fenster auf.* Sieh raus! Sag mir, wer ist die Frau, die da eben auf das Haus zugeht.

MEINLIEBER Sie ist zu weit unten.

WOLFGANG Ja! Zu weit unten! Das weißt du genau! Dein Blatt 23 oder 33, wo du behauptest, ich hätte mich mit einer Frau aus dem 12. Stock abgesprochen. ›Betrifft Blinzeln und Zwinkern‹. Das kapier ich überhaupt nicht. Man sieht ein Mädchen an, und das Mädchen sieht zurück. Das ist so.

MEINLIEBER Warum?

WOLFGANG Das ist so im Leben. Deswegen muß ich die doch nicht kennen.

MEINLIEBER Ich hab neben dir im Fahrstuhl gestanden, als du deinen Kopf dieser Frau zugewendet hast, du hast ein Zeichen gegeben. Die Augen haben sich geöffnet. Du hast, indem du die Lippenmuskulatur gestreckt hast, die Mundwinkel angehoben.

WOLFGANG Ich hab die Frau angegrinst, meinst du? Stimmt! Das hat aber doch nichts mit dir zu tun. Ich hab die angegrinst, weil sie mir gefallen hat. Man grinst was an, was einem gefällt. Ich grinse auch einen Porsche an. Dasselbe.

MEINLIEBER Die Frau hat zurückgegrinst. Das ist nicht dasselbe.

WOLFGANG Ja, weil ein Porsche nicht zurückgrinsen kann. Wir haben nicht über dich gegrinst.

MEINLIEBER *mit großer Anstrengung* Ich stelle nur fest, daß du dir dauernd widersprichst. Wenn zwei Menschen gleichzeitig die Lippenmuskulatur strecken.

WOLFGANG Lippenmuskulatur! Du solltest zu einem Arzt gehen.

MEINLIEBER Ich stelle nur fest, daß du lügst. Du hast vor einigen Minuten behauptet, daß du meine Zettel nicht mehr liest. Dieses Blatt 23 betreffs Geblinzel war aber das letzte, das ich dir gesendet habe.

WOLFGANG Ja, ich habs gelesen! Ich hab gelogen! Du blöder Hund, du mußt doch zum Arzt! *Auf ihn zu.* Hier! Ich hab mich doch nicht geändert! Du mußt mal raus! An die Luft.

MEINLIEBER Raus?

WOLFGANG Ja! Raus aus der Bude!

MEINLIEBER Ich muß hier raus? *Steigt ins offene Fenster.*

WOLFGANG Ja, an die Luft. Bist du meschugge?

MEINLIEBER Ich muß raus!

WOLFGANG Die Hand her! *Meinlieber kippt nach außen und zieht Wolfgang, der ihn am Arm hat, mit dem Oberkörper aus dem Fenster.* Nicht runter sehen! Nicht runter sehen! Halt dich, ich hab dich! Augen zu! *Flennt.* Wir schaffen das nicht! Ruf um Hilfe! *Meinlieber sagt was.* Ja peinlich! Mir auch!

Das ist doch ein Notfall, das sind vierzig Meter! Hilfe! Hilfe! Hilfe! Sowas Blödes! Was hast du dir denn dabei gedacht! Hilfe! Da sieht keiner hoch! Die merken gar nicht, was hier oben gespielt wird! Ich kann nicht runter sehen! Augen zu! Halt fest! Ich brauch einen Strick! *Meinlieber sagt was.* Wie soll ich denn jetzt zum Schrank kommen. Ruhig, Manni, ganz ruhig, ich halt das noch lange aus! Du rutschst mir raus! Ewig deine Schwitzhände! Der Typ von nebenan soll kommen! Wer – wie heißt er – Paff – wie heißt der – Peff? Hilfe! Nebenan Sie! Herr Piff-Paff – Pfaff. Herr Pfaff! Hilfe! Unfall! *Pfaff klopft an die Wand.* Keine Musik diesmal! Unfall! *Pfaff klopft.* Kein Unfall! Selbstmord! *Pfaff klopft.* Klopf nicht, du Arsch! Hier rutscht mir einer raus! Hilfe! Die andere Hand! Ewige Schwitzhand! Nicht bewegen! Hilfe! Herr Pfaff! *Pfaff klopft.* Herr Pfaff, bitte wir wollen Sie nicht verarschen, bitte schnell! Ich hab dich am Pullover! *Es klopft an der Tür.* Hilfe! Einer stürzt hier langsam gleich ab! Herein! Der Pullover reißt!

PFAFF *herein* Jetzt ist aber endlich Schluß!

WOLFGANG *mit abgerissenem Ärmel.* Der Ärmel abgerissen! Hier ist der Ärmel! Der Ärmel! Ich hab Sie gerufen! Der Ärmel!

Fritz ferngesteuert

Werkstatt. Fritz und Bubi verbinden dem Herbert die Hand.

FRITZ Die zwei Finger schick ich dir dann mit der Post. *Auch der verletzte Herbert muß lachen.* Wo bleibt nur der Krankenwagen? Was sagt denn die Mutti heut nacht, wenn jetzt der Finger weg is?

BUBI Du hältst jetzt dei ungewasche Maul, Drecksau.

HERBERT Bubi, halt Ruh, du bist dann doch wieder der Dumme.

BUBI Der soll sei Maul halte, da kann er Vorarbeiter sei, solang wie er will, der is doch dran schuld, wenns hier dauernd kracht, weeche seim Scheißtempo, nur weil er sich anschmiern will obe.

FRITZ Ja Opa, wer da net mitkommt, der kann sich ja freiwillig begrabe lasse.

BUBI De Schraubeschlüssel schlaach ich der vorn Kopp, du krummer Hund. Ich komm mit! Ich schon, des wolle mer doch noch sehe, aber der Karl schaffts net und jetzt hier der Herbert. Du siehst doch, daß alle Ritt einer schlapp macht, un du legst so ein Zahn vor, nur weil du dich anschmiern willst.

FRITZ In der Gegend rumgucke un auch noch viel Geld verdiene, des is hier net drin.

BUBI Wer verdient hier viel Geld! Das is doch das Letzte. Ich doch net! Und du auch nicht!

HERBERT Jetzt halt doch Ruh, Bubi, der will dich doch nur wieder zu sowas provoziern. Da wisse wir doch, wer dahintersteckt, daß die dich endlich loswern.

FRITZ Werd du mir nur widder gesund, wenn du sachst, ich wär en Spitzel vom Chef.

BUBI Getroffener Hund bellt! Weil mer dehinner komme sind. Ja des hätt mer gern, wenn de Bubi widder sein Rappel bekäm. Aber den Gefalle tu ich der net. *Fuchtelt mit einem Schraubenschlüssel vor Fritz herum.* Paß uff, daß de der net de Kopp rennst, nachher wars ich widder. Lieb Kind mache, des kenne mer!

HERBERT Kannst der ja vom Chef ei haache lasse, haha, aua aua.

BUBI Gell, was für e schön Schlüsselche, des wär was für dich, wenn ich ders uff dei dumm Maul kloppe deht, daß de e paar Zähn vorzeiche kennst. Aber niks is.

HERBERT Paß uff, dasser sich net rennt, nachher warst dus, haha, aua aua.

FRITZ Ihr werd euch noch umgucke! Euch hab ich die längst Zeit gedeckt!

HERBERT Gedeckt, gedeckt, haha aua aua, de ferngesteuerte Fritz.

Vierhundertneunzig, Fünfhundert, Zehn

Betriebskantine.

GRAUER MANN Fünfhundert, das ist eine dicke Zahl. Zu rund! Gefällt mir nicht! Frikadellen bitte!

BLONDER MANN Auch Frikadellen! Meinst du, mir gefällts? Vierhundertneunzig, das säh besser aus!

GRAUER MANN Ich kann mir doch keine neuen Arbeitsplätze aus dem Ärmel ziehen! Wo sollen wir die zehn Mann hinstellen? Eigentlich hätten wir siebenhundert raussetzen müssen. Wenn wir jetzt zehn zurückholen, da fragen die uns doch, warum nicht zwanzig. Ich nehm doch lieber Fisch.

BLONDER MANN Der wievielte ist heute?

GRAUER MANN Der zehnte.

BLONDER MANN Na also! Das ist doch mehr als Zufall. Dein Fisch sieht gut aus.

Gegenmusik

Karlheinz besucht Leo in seiner Garage, die mit zusammengebastelten Sendegeräten vollgestopft ist.

LEO Ich weiß schon, warum du hier bist.

KARLHEINZ Dann ist es ja gut.

LEO Ich weiß besser, warum du hier bist, als du denkst.

KARLHEINZ Dann ist es ja gut.

LEO Besser als du weiß ich, warum du hier bist, Karlheinz, besser als du, wirklich.

KARLHEINZ Ja gut, Leo, ich bin mal zu dir nach Hause gekommen, um als alter Freund und Kollege eine ehrliche Warnung auszusprechen. Es ist mir ja wurscht, was du zu Hause tontechnisch und elektroakustisch herummachst, aber du kannst nicht im Betrieb verbreiten, daß du eine Gegenmusik entwickelt hast gegen die Befehle von oben.

LEO Gegensendung!

KARLHEINZ Ja, wegen mir, aber das wird doch gleich mißverstanden. Das heißt doch sofort: Du stößt ins Horn vom Scherf, der immer gesagt hat: Laßt euch nichts einreden! Außerdem ist dem Chef zu Ohren gekommen, du hättest behauptet, unter der Musik, die neuerdings in die Hallen überspielt wird, kämen unterschwellige Befehle von oben, daß die Arbeiter einen Zahn zulegen sollen, ans Unterbewußtsein. Das wird doch gleich mißverstanden.

LEO Wer hat das weitergesagt mit der Musik? Die Schrott?

KARLHEINZ Ja.

LEO Dann kommt die auch auf die Liste.

Zeitvertreibmaschine

Weihnachten. Die Mutter zündet die Kerzen an. Der Vater starrt stehend in ein Fernsehgerät, in dem immer wieder eine mit Modellautos gefilmte Unfallsituation auf einer Kreuzung abläuft. Dabei dreht er gleichgültig an den Knöpfen eines Kontrollpultes herum. Der Film flackert, sonst ändert sich nichts.

KIND *von draußen* Mutti, Mutti, Mutti, rein, rein, rein! Ich will meine Maschine sehn!

VATER Jetzt halt endlich die Schnauze, sonst hau ich dir vorher noch die Jacke voll!

Der Film beginnt von vorne.

MUTTER Es ist doch Weihnachten, Detlev. *Nach draußen* Es gibt keine Maschine!

VATER Wenn die Maschine funktioniert, ist ein für allemal Schluß mit dem Gequängel.

Das Kind wird hereingelassen. Weihnachtsmusik und Glocken.

KIND Da bitte, da ist doch die Maschine!

VATER Wenn du nochmal spionierst, kriegst du überhaupt nichts mehr, und deinen Eltern den ganzen Spaß verdirbst. So. Setz dich hier in den Drehstuhl! Anschnallen! Jetzt werfen wir einen Groschen hier ein und das Gerät ist betriebsbereit. Jetzt achte vor allem auf das Pult, das Bild mit der Straße ist nicht so wichtig. Hier auf dem Pult, da ist für jedes Fahrzeug und für jeden Fußgänger ein Drehknopf mit Kontrollampen. Bei Kollisionsgefahr leuchtet erst die gelbe, dann die rote Lampe auf. Bei Rot muß du den Notschalter hier bedienen, aber ich hoffe, das geht in deinen Knallkopp rein, damit bleibt auch die ganze Maschine stehn. Wenn du weiter machen willst, mußt du wieder einen Groschen einwerfen. Und das ist dein Geld!

Das Kind dreht an den Knöpfen, sieht am Anfang noch auf den Film, dann wird es durch dauerndes Gelblicht gezwungen, nur noch auf das Kontrollpult zu starren. Der Vater ruft dem Kind, als hätte es wirklich Gefahren vermieden, beifällig zu. Der Film beginnt von vorn, das Kind arbeitet schneller.

VATER So funktioniert das. Damit kann er sich stundenlang beschäftigen.

Autolenker

Ein Mann, in verwahrloster Kleidung, kommt zu seiner Frau. Er hat gerade einen Autounfall miterlebt.

FRAU Was ist denn? Du bist ja blaß?

MANN Ja blaß, und ob ich blaß bin! Ich hab eben ein Kind überfahren!

FRAU Welches Kind denn?

MANN Welches Kind! Welches Kind! Ein Kind, das rannte mir nach und hat geschrien: ›Ein Loch in der Jacke!‹ Und ich dreh mich grad um, da will es schnell über die Straße und da kommt gerade ein Auto und mit dem hab ichs gleich überfahren!

FRAU Überfahren! Mit was denn? Du hast doch kein Auto!

MANN Da kommt gerade ein Auto die Straße runter, mit dem hab ichs überfahren!

FRAU Du kannst doch gar nicht fahren!

MANN Ich kann fahren! Ich lenk dir doch jedes Auto. Jedes Auto, das fährt, lenk ich dir! Alle Autos fahr ich gleichzeitig.

FRAU Also, was ist? Kennst du den, der das Kind überfahren hat?

MANN Woher denn? Der hat nur auch gesagt, daß er unschuldig ist.

FRAU Und die Polizei?

MANN Die hat mich fortgeschickt!

FRAU Na also, dann ist doch alles in Ordnung!

Unfallforscher

Ein Mann, der sich als Unfallforscher bezeichnet, sucht eine Zeitungsredaktion auf. Er will eine Entdeckung gemacht haben.

REDAKTEUR Sie müssen das verstehen, wenn Sie gestern gleich hier angerufen hätten: ›Unfall Ecke Kaiserstraße-Heinrichstraße. Motorradfahrer ohne Kopf.‹ Für sowas können wir Ihnen fünfzehn Mark geben. Aber heute –

FORSCHER Ich will doch keine fünfzehn Mark. Der Unfall an der Kaiserstraße war nur ein Beispiel. Ich untersuche ja viele Unfälle. Es geht doch allgemein um die Zuschauer.

REDAKTEUR Was haben die denn gestern gemacht?

FORSCHER Nichts, das war ja auch wie immer. Zuerst eine Frage: Finden Sie das selbstverständlich, wenn aus einem menschlichen Körper Blut herausläuft?

REDAKTEUR Das kommt darauf an, wo es herausläuft und aus welchem Grund.

FORSCHER Dann eine andere Frage: Was machen Sie für ein Gesicht dabei?

REDAKTEUR Ich weiß nicht.

FORSCHER Aha. Aber eins können Sie mir doch bestätigen, daß an jeder Unfallstelle Personen stehen, die keine Miene verziehen.

REDAKTEUR Sicher.

FORSCHER Und was heißt das, wenn einer keine Miene verzieht?

REDAKTEUR Was?

FORSCHER Er weiß Bescheid. Er weiß vielleicht noch nicht, wer an dem Unfall schuld war, aber sonst übersieht der alles.

REDAKTEUR Was soll denn da sonst sein?

FORSCHER Bei einem mit verdrehtem Kopf, der sich nicht rührt, da gibt es immer welche, die sagen: ›Der ist hin, der ist tot.‹

REDAKTEUR Ja, wenn er doch tot ist.

FORSCHER Oder einer ist eingeklemmt und schreit, dann wissen die, warum der schreit. Oder einer blutet aus dem Bauch, da gibts immer welche, die stehen rum, verziehen keine Miene und sagen: ›Der blutet aus dem Bauch.‹ Und wenn dann der Krankenwagen abgefahren ist, dann ist denen sowieso alles klar, dann zählen sie noch mal alles auf und gehen.

REDAKTEUR Ja, wegen mir. Ich weiß nicht, worauf das hinaus soll. Wir haben jedenfalls keine Verwendung hier.

FORSCHER Ich will nur darauf hinaus, zu beweisen, daß diese Zuschauer selbst schon einen Unfall gehabt haben, in dem sie mindestens schwer verletzt wurden. Ich gebe zu, das ist alles schwer zu beweisen, aber wenn die allgemeinen Hintergründe dieses Verhaltens aufgedeckt sind, dann springt da mehr heraus als diese kleinen Tagesartikelchen über einzelne Unfälle, dann kann man da eine Serie draus machen.

REDAKTEUR Serie, gleich Serie! Da gehört aber ein bißchen mehr dazu, mein Lieber!

Der Unfallforscher auf der Straße

UNFALLFORSCHER Entschuldigen Sie, ich habe Sie eben bei dem Unfall beobachtet, eine Frage.

UNFALLZEUGE Warum? Sind Sie von der Polizei. Der Fußgänger war selbst dran schuld, ich habs nicht gesehn, aber der Mann da im Ledermantel.

UNFALLFORSCHER Das mein ich nicht, Ich möchte mich auf Ihre Äußerung beziehen ›Der ist auch hin.‹

UNFALLZEUGE Ja sicher, sehn Sie sich doch mal den Kopf an. Oder sind Sie Arzt? Sie meinen, da läßt sich noch was machen heutzutage?

UNFALLFORSCHER Das weiß ich nicht, ich will nur wissen, was Sie eben mit dem Satz gemeint haben ›Der ist auch hin‹. Und dabei machen Sie ein Gesicht, so wie jetzt, als wüßten Sie Bescheid über alles.

UNFALLZEUGE Über was?

UNFALLFORSCHER Was soll das heißen, wenn Sie einfach behaupten ›Der ist auch hin‹?

UNFALLZEUGE Ja, wenn einer doch tot ist, das wird man doch noch sagen können. Sind Sie von der Polizei? Sind Sie vielleicht mit dem verwandt? Dann tuts mir leid.

UNFALLFORSCHER Nein, was das heißt ›Der ist auch hin‹ will ich wissen!

UNFALLZEUGE Was denken Sie sich dann, wenn Sie nicht mit dem verwandt sind, so ein Schwachsinn, was heut alles rumläuft. *Ab.*

Albin

Ein gewöhnlicher Unfall auf der Autobahn. Albin ist der Schuldige. Aber Kommissar Lape will den Fall nicht abschließen. Er besucht das Unfallkrankenhaus, befragt den Arzt. Albin, ganz bandagiert, kniet unbeweglich auf seinem Bett.

ARZT Was soll dabei neu sein? Sie von der Polizei! Das ist doch ein alter Hut, daß einer einen Wagen klaut und zu schnell fährt und Unfall. Oder hat der Patient irgendwas mit der Familie in dem anderen Wagen zu tun?

LAPE Wahrscheinlich nicht. Das überlebende Kind hat ihn kurz gesehen und gibt an, ihn nicht zu kennen.

ARZT Wie denn auch, auf der Autobahn? Das wär doch der reine Zufall. Fahrlässigkeit, ganz klar.

LAPE Fahrlässigkeit, das sagt uns gar nichts. Ich weiß nicht, was das ist. Für nichts und wieder nichts bringt keiner eine Familie um und macht sich zum Krüppel. *Albin hat sich bewegt.*

ARZT Ich weiß nicht ganz, was Sie meinen. Jetzt, er rührt sich. Albin! Wie gehts Ihnen Albin?

LAPE Albin? *Er macht sich eine Notiz.* Auf dem Briefumschlag steht doch Gernot Schmiedel?

ARZT Mal nennt er sich Albin, mal Albert, auch mal Gunter. Wie fühlen Sie sich, Albin?

ALBIN *fährt mit der Hand langsam auf seinen Verbänden herum, artikuliert angestrengt* Mein Geld und der Ausweis.

ARZT Wir haben kein Geld und keinen Ausweis.

ALBIN Max, der Schwerenöter, soll kommen.

ARZT Was?

ALBIN Max, der Schwerenöter, mein Bruder, soll sofort kommen.

ARZT Es ist kein Bruder da.

ALBIN *verkrampft* Reinlassen, reinlassen, den eingewickelten Max. *Der Arzt gibt ihm eine Spritze.*

LAPE *hat alles notiert* Was soll das heißen?

ARZT Ganz normale Amnesie, Gedächtnisstörung.

LAPE Aber was meint er denn?

ARZT Woher sollen wir das wissen? Herr Oberkommissar, ich kann das eigentlich nicht verantworten, Besuch in diesem Zustand des Patienten, ich habe da eine Ausnahme gemacht, mit solchen Aussagen können Sie doch nichts anfangen.

LAPE Das müssen Sie schon mir überlassen. Haben Sie irgendwas Besonderes am Gehirn festgestellt?

ARZT Ganz normale Quetschung.

LAPE Ich denke da an etwas, das Ihnen vielleicht bisher in Ihrer Praxis noch nicht vorgekommen ist.

ARZT Wollen Sie mir unterstellen, daß ich eine Gehirnquetschung nicht diagnostizieren kann?

LAPE Wie kommt das eigentlich, daß die verletzte Person ausgerechnet hier eingeliefert wurde?

ARZT Ja. Warum? Weil wir die nächsten am Unfallort sind. Wir bekommen dauernd solche Fälle.

LAPE Aha? Sie bekommen dauernd solche Fälle?

ARZT Das liegt nicht an uns, Herrgott, das liegt an der Autobahn. Was wollen Sie eigentlich?

LAPE Ich will wissen, warum der das gemacht hat, warum der so schnell gefahren ist!

ARZT Dann warten Sie noch ein paar Tage, bis er sich wieder einigermaßen erinnern kann. Da werden Sie hören, daß es Fahrlässigkeit war.

LAPE Und das ist es, was ich nicht hören will. Da sind die alten Ausreden.

Der Riese

Herr Bach und Frau machen spät am Abend einen Spaziergang. Irgendwoher von einem Dach hören sie eine Stimme.

BACH Da jetzt!

FRAU BACH Noch lauter!

SPINNER *undeutlich, sehr laut über den Lautsprecher* Eins, eins, eins, eins, zwei, drei. *Knacken.* Eins, zwei, drei, vier. *Knacken.*

BACH Daß sich da niemand beschwert, mitten in der Nacht. Von da kommts.

FRAU BACH Nein, von da.

SPINNER Jetzt bin ich soweit.

FRAU BACH Siehst du, Rübchen, von da kommts.

BACH Still jetzt.

SPINNER Jetzt wollen wir mal ein Wörtchen miteinander reden, du Hurenbock, das hättest du nicht gedacht, daß ich dich erwische, aber dafür hat der Mensch die Technik, daß man solchen, wie du einer bist, beikommt, jetzt hör mal gut zu, ich beobachte dich schon lange, und deshalb lese ich dir jetzt ein Ultimatum vor, weil ich mir nichts mehr vormachen lasse und mich zwingen lasse, solche Donnervögeltouren nachzumachen. Ultimatum: »Du allergrößter Hurenbock –«

BACH Racheakt oder sowas! Mit was macht er das nur? Die Lautsprecheranlage hat gut ihre zweihundert Watt.

FRAU BACH Da oben, auf dem Dach vom Hochhaus, da ist Licht!

BACH Und das soll ein Beweis für die Herkunft des Tones sein?

SPINNER »Ihnen wird hiermit bekanntgemacht, daß sie als gemeingefährlicher läufiger Triebtäter durchschaut sind, und daß wir nicht länger gewillt sind, Ihre schamlose Betätigung nachts zu dulden. Zum Beweis, daß wir wissen, in welcher Form Sie sich versteckt halten, geben wir Folgendes an: daß eine Stadt Straßen, Plätze, Fensterhöhlen hat, Kanallöcher, Eingänge in Häuser, Schaufenster, und siebtens, Zimmer in Häusern, alles Stellen, an denen sonst nichts ist und in die sich solche Gestalten wie Sie hineinlaufen lassen. Da wissen Sie schon, was gemeint ist. Es nützt Ihnen gar nichts, daß Sie sich durch vierdimensionales Mimikry unsichtbar machen. Denken Sie nicht, weil Sie so groß sind. Keine extraterrestrische Existenz kann uns zu sowas zwingen, schon gar nicht zu sowas. Sie haben ab sofort –« *Knacken.*

FRAU BACH Jetzt ist die Polizei da.

BACH Woher willst du das wissen?

Aus dem Lautsprecher diverse Geräusche.

SPINNER *undeutlich* Nein, für was brauche ich eine Erlaubnis, wenn ich mich für ein öffentliches Ärgernis einsetze, wenn das die Polizei nicht tut, und weder Presse und Rundfunk reagiert, dann muß der Bürger zur Selbsthilfe greifen. Finger weg, sonst schrei ich, dann wachen noch mehr auf. *Liest* »Und machen Sie sich dahin, wo schweinische Donnervögel wie Sie hingehören, auf den Andromeda oder in die Galaxis, sonst schießen wir dir mit Raketen den Schwanz ab.«

FRAU BACH *lacht* Wen meint er denn?

SPINNER Leiser hat keinen Sinn, wenn sein Ohr doch den ganzen Sedanplatz ausfüllt.

FRAU BACH Sedanplatz! Hier!

SPINNER Da kann man nicht flüstern, bei der Größe.

FRAU BACH Hier, Rübchen, hier, den Sedanplatz meint er!

SPINNER Ja, ich muß auch morgen arbeiten! Und er hält mich systematisch durch Demonstration davon ab, daß die ganze Stadt schon weiß, daß ich nicht arbeite.

FRAU BACH Hier, das meint er, Rübchen, als Ohr!

BACH Was soll er denn meinen, als Ohr? Du bist doch dümmer als die Polizei erlaubt.

SPINNER »Wir sind freie Menschen in einer freien Gesellschaft!« Mit dem Ton erreichen Sie gar nichts, ich bin doch kein Kind! *Kampfgeräusche.* Ausrotten muß man so ein Ungeheuer!

FRAU BACH Ja wirklich! Ausrotten! Daß da die Polizei zusieht.

BACH Quatsch doch nicht. Das ist ein Spinner, das ist eine Krankheit und gehört in eine geschlossene Anstalt. Aber ich möchte wissen, wie der an die Anlage kommt. Die hat gut ihre 200 Watt.

FRAU BACH Komm, komm.

BACH Halt du dein Maul. Das ist schließlich mein Gebiet.

Waltermainz, Rottluff

Waltermainz und Rottluff denken, daß der Mann, für den sie arbeiten, sie steuert. Sie wollen ihn fertig machen. Sie haben ihn in der Badewanne erwischt. Über die Badewanne ist ein Brett gelegt. Rottluff hantiert an einer Heizsonne.

WALTERMAINZ *beugt sich über die Wanne* Was? Nur keine Angst! Das kommt so sicher wie das Amen in der Kirche!

ROTTLUFF Hat er noch was zu melden?

WALTERMAINZ ›Dann bring mich doch um!‹ sagt er. *Beugt sich* Was? Wir wissens?

ROTTLUFF Was will er?

WALTERMAINZ Er sagt: ›Dann bring mich doch um!‹ Jetzt halt die Fresse, sonst gibts wieder Wechselbad!

ROTTLUFF Dann ist ja gut, daß er uns auch jetzt noch den Befehl gibt. Jahrelang haben wir gemacht, was er uns gesagt hat, und immer hat es nur ihm genützt. Er hat gelebt –

WALTERMAINZ Jetzt mach aber mal mit deinem Scheiß!

ROTTLUFF Wegen mir können wir! Ich schlage vor, paß auf, ich lege die Seife neben die Sonne, mache hier einen Fleck auf das Brett, dann werfen wir mit der Sonne die Seife ins Wasser.

WALTERMAINZ Ah ja, gut. Dann müssen wir aufpassen: es wird ja, eh er den Schlag kriegt, noch eine Verbrennung geben, daß die an der richtigen Stelle ist. Denn wir müssen uns vorstellen, er setzt sich auf, will die Seife fassen, wirft die Sonne um, die fällt auf ihn. Da ist doch die Frage, biegen wir ihn hoch, damit er sich selbst die Verbrennung beibringt, dann ist die Gefahr, er wehrt sich, und es gibt Spuren und wir kriegen selbst einen Schlag. Die andere Möglichkeit: wir bringen ihm nachträglich die Verbrennung bei, und zwar, wenn wir uns vorstellen, daß der so greift *demonstriert* am Unterarm!

ROTTLUFF Ja, wie denn? Die Sonne ist doch dann hin, danach. Das ist doch alles nicht nötig. Er greift, sagen wir so *demonstriert* und reißt mit dem Ellbogen die Sonne um, wenn sie jetzt fällt, dann weicht der doch automatisch seitlich aus, weil sie glüht, geht mit dem Oberkörper so zurück und so zur Seite. Wir wälzen ihn also auf die Seite vorher und werfen die Sonne so, daß sie hier auf die Hüfte kommt, dann ist alles in Ordnung.

WALTERMAINZ Völlig recht hat er, der Rottluff! *Sie wälzen den Körper in der Wanne herum.*

ROTTLUFF Was will er?

WALTERMAINZ Immer dasselbe.

ROTTLUFF Der denkt vielleicht, wenn er sagt, daß wir ihn umbringen sollen, dann tun wirs nicht.

WALTERMAINZ Der will höchstens, daß wir wirklich denken, wenn wir ihn jetzt umlegen, folgen wir wieder einem Befehl von ihm.

ROTTLUFF Dann braucht ers doch nicht auszusprechen, das hat er doch sonst auch nicht gemacht.

WALTERMAINZ Aber wer kommt denn auf den Gedanken, und befiehlt seinen eigenen Tod.

ROTTLUFF Außer ein Selbstmörder, vielleicht. *Beide sehen verwirrt in die Wanne.*

ROTTLUFF Wenn der uns so reinlegen will, dann lassen wir ihn laufen. Oder der will, daß wir ihn laufen lassen. Dann ist er jetzt dran. *Nimmt die Höhensonne.*

WALTERMAINZ *hält ihn* Noch nicht! Ich bin schon wieder durcheinander.

ROTTLUFF Ja, und damit ist jetzt Schluß, Waltermainz! *Will werfen.*

WALTERMAINZ Nicht! Nachher haben wir wieder nichts davon und tanzen nach seiner Pfeife.

ROTTLUFF Das hört auf. Ein für allemal.

WALTERMAINZ Das Ding her, du läßt dich wieder reinlegen.

ROTTLUFF Ich nicht. Du! *Zerren an der Sonne, Verbrennungen.*

ROTTLUFF *stellt die Sonne auf das Brett* Merkst du was? Der spielt uns wieder aus, wie bei der Arbeit.

WALTERMAINZ Ja, aber mit welchem Zweck? Will er sich jetzt umbringen lassen, will er, daß wir reinfallen, will er, daß er lebt, was will er denn?

4 Traum der Dinge

Traum der Dinge

ÄLTERER HERR *mit Einkaufsbeutel* Rotkraut hatten sie nicht mehr. Aber als ich mir die Bilder auf den Dosen, Tüten, Tuben, Kartons, Flaschen ansah, erkannte ich, daß die Dinge träumen. Da solltest du auch mal drauf achten, wenn du einkaufst, Gertrud. Das Schmalzfleisch entwirft sich aus seinem knorpeligen, speckigen Innern durch fettigen Gelee hindurch ein Bild auf seine blecherne Außenhaut, indem es sich vermählt mit doppelkrustigem Bauernbrot erschaut. Die Margarine träumt sich einer blassen Gurkenscheibe erliegend, die sich wiederum mit fröhlichen Radieschen und Tomaten rötlich umgibt. Die Milch ahnt ihren Ursprung im Anblick der glücklichen Kuh. Das Sauerkraut stellt sich dampfend dar, denn es hat eine Vorstellung von Wärme im Gegensatz zu uns Menschen, die wir, kalt voreinander abgewandt, ohne Hoffnung leben.

GERTRUD Rotkraut hatten sie nicht mehr? Weißkraut hätts auch getan.

Bandnudel

Büro. Kommissar Lape verhört Klotz.

LAPE Das kommt Ihnen doch bekannt vor, Klotz.

KLOTZ Eine Bandnudel kennt jeder.

LAPE An dieser Bandnudel wurde Blut festgestellt. Außerdem lag diese Bandnudel auf Ihrem Küchentisch und Sie wollen immer noch nichts wissen.

KLOTZ Ich sehe kein Blut.

LAPE Der Fleck ist zu klein. Hier ist das Foto mit der Vergrößerung.

KLOTZ Wer weiß, was Sie da für eine Bandnudel fotografiert haben. Eine Bandnudel hat jeder.

LAPE Mit dieser Bandnudel wird Ihnen die Frechheit ganz schnell vergehn.

KLOTZ Eine Bandnudel ist keine Tatwaffe. Ja, wenn Sie einen Draht hätten. Eine Drahtnudel!

LAPE Mit dieser Bandnudel treiben wir Ihnen die Flausen noch aus.

Opel Kapitän

Ein Gespräch unter Freunden.

SELBER ARSCHLOCH Halt mal das Tempo durch, so ein Tempo, aber ich muß, ich muß, hinter mir stehn Tausende, wenn ich durchdrehe. Das kann ich mir nicht leisten. Ab auf den Schrott wie ein Motor, da kannst du mir doch nichts erzählen, du Arschloch.

ARSCHLOCH Selber Arschloch, weißt du, was du bist, ein Auto bist du.

SELBER ARSCHLOCH Ja ein Auto, ich wollt, ich wärs.

ARSCHLOCH Ein Auto, ein alter Schinken.

SELBER ARSCHLOCH Alter Schinken, ich wollt ich wärs. Du spinnst doch, du Spinner, sowas von Spinner, der spinnt.

Gelegenheit

Frau Meyer betritt mit Tüte und grünem Mantel die Küche.

MEYER *Eier rührend* Auf einmal grün?

FRAU MEYER Ich finde, das ist ein Grün, das mir steht. Ich habe auch für dich was erwischt im Ausverkauf. *Hält Meyer prüfend eine Schlafanzughose vor.*

MEYER Der ist ja fünf Nummern zu groß. Was ist denn da wieder in dich gefahren?

FRAU MEYER Um die Hälfte herabgesetzt. Wenn ich ihn nicht genommen hätte, dann hätte ihn noch jemand anderes genommen.

Häuschen am Waldrand

In einer kleinen Wohnung.

VERTRETER Was eigenes, Frau Reinhard, das ist doch was ganz anderes, das läßt einen nicht mehr los.

REINHARD Mir ist das alles noch nicht geheuer. Frauen sind da gleich bei der Hand, und ich muß das Geld ranschaffen.

VERTRETER Mal ganz unter uns, Herr Reinhard, diese Dachform kann ich nicht empfehlen, wenn ich Ihnen einen Rat geben darf, wissen Sie, was ich gemacht habe, ich selbst habe mir das Modell Oberstdorf mit der Dachform Freudenstadt kombiniert. *Foto aus der Brieftasche.* Sehn Sie, das ist mein eigenes Häuschen, das ist meine Frau und mein Jüngster.

FRAU REINHARD Für den muß das ja auch schön sein.

VERTRETER Der will gar nicht mehr aus dem Haus, der hat sein Zimmerchen, da steckt er den ganzen Tag fest, und meine Frau, die sagt jedesmal, wenn sie die Tür aufschließt: »Guten Tag, mein Kleines!« Ich will Ihnen was sagen, wir sind früher immer nach Italien gefahren, jetzt bringen uns keine zehn Pferde weg.

FRAU REINHARD Das spart ja dann auch wieder.

VERTRETER Genau! Man hat einfach keine Bedürfnisse mehr außer der Reihe. Herr Reinhard, unsere Firma macht ein Programm für Individualisten.

REINHARD *brüllt* Mindestens hundert Meter Abstand von den anderen Häusern müßte ich haben, auf mich nimmt ja auch keiner Rücksicht.

VERTRETER Das liegt in Ihrer Entscheidung.
Jetzt sehn Sie doch mal, wies da am Waldrand liegt, wie freundlich das guckt. Es läßt einem nicht mehr los. In sowas kann man sich doch verlieben.

Der Schrank

Adler hat seinen Freund Theo Hoffmann in einem Kleiderschrank, der Adler gehört, tot aufgefunden. Die Todesursache ist unklar. In demselben Schrank ist vor Jahren sein damaliger Besitzer Dr. Leiber auf ungeklärte Weise gestorben. Zwei Kriminalisten stehen mit Adler vor dem offenen Schrank, in dem mit Kreide die Lage der Leiche markiert ist. Adler wird vernommen.

ADLER Erst waren die Kleider in ihm. Der Doktor und Hoffmann, die hatten nie was drin hängen, beim Doktor da lagen die Kleider überall rum, aber ich, ich hab mir gedacht, warum soll das Riesending leerstehen, und dann ist mir alles so gelb, was weiß war, gelb geworden, so rot wie Rostflecken, oder auch wieder nicht, eigentlich schön, aber Wäsche, die gelb ist, und dann die Motten, noch diese Nachtfalter, unglaublich große Motten, die Raupen genauso, fingerdick, die Haut dünn, im Darm war die Wolle, alles zu sehn, mein Mantel, Anzüge, alles hinüber. Wer sich nicht festbeißt, der fällt, und vom Boden hoch kommt da keiner.

Also den Schrank hab ich aufgeräumt, das war der Trick von dem Schrank und ausgesprüht, der Geruch, den der Schrank hat, ist nicht der Geruch des, wenigstens nicht allein, der Geruch des Gifts, sondern wenn Sie riechen, ganz fremdartig riecht das, das Holz ist es nicht, aber weiter:

Sehn Sie, das ist die Duplizität, ich meine, der Theo und Leiber, ich meine nur, der Theo und Leiber auf dieselbe – ich meine nur, daß – Theo und Leiber auf dieselbe Art – meine nur, daß das nichts mit mir zu tun hat.

Wenn die zwei auf dieselbe Art in dem Schrank gestorben sind, ist das merkwürdig. Glauben Sie vielleicht, ich hätte mir keine Gedanken gemacht? Ich stellte schon Überlegungen an, als Sie, vor zwei Jahren, als sich Dr. Leiber hineingesetzt hatte, nur Unfall festgestellt hatten. Da setzte ich ein, da war mir was unklar, da hatte ich schon einen Verdacht, ich ahnte schon, was da gespielt wird, weil mir der Doktor sein Geld, es war nicht viel, und den anderen Kram, da war auch der Schrank dabei, vermacht hatte, nur den Schrank hab ich behalten. Schließlich hatte als einziger ich mich um den Doktor, weil ich da wohnte, gekümmert, deswegen hab ich geerbt, und deswegen, um forschen zu können in Ruhe, blieb ich vom Dienst weg, wo ich doch dauernd mit Leuten zusammen sein mußte, die nur, weil sie zu dumm waren, zu sehen, was wirklich gespielt wird, allerbeste Posten bekamen. Und dauernd das Hecheln.

Theo Hoffmann sagte zu mir, der hatte auch was gespart, der dachte, bei mir da könnt er billiger leben, der Knicker, da hat er sich aber getäuscht. Mit mir machst du das nicht, alter Freund! Das war wirklich ein alter Freund von mir, der Theo.

Da, jetzt ist er auch hin. Keinen Pfennig für Versuche steuerte er bei, wollte von den großen Eisschränken nichts wissen, ich mußte sogar noch sein Essen bezahlen, aber ich brauchte eben jemand, der Assistent war bei den Experimenten!

Der war vielleicht mißtrauisch! Immer gelacht! Sich an den Kopf gefaßt! Na, jetzt hast dus! Jetzt weißt

du Bescheid! Er wollte sich erst mal gar nicht hinsetzen, in den Schrank, darauf mußte ich aber bestehn, denn es kam mir darauf an, exakt nachzuweisen, daß das, was ich beobachtet hatte, die Objektivität war.
Dann sah er angeblich auch das umgestülpte Gesicht. Da saß er immer länger in dem Schrank, das gab Streit mit mir, aber ich kenne das, immer wieder geht man hinein und bleibt immer länger, das ist der Trick von dem.
Manchmal fühlt man sich sicher, ich sag mir, hier findet dich keiner, wenn wer kommt, dann bist du ganz still, da denkt keiner dran, daß ein erwachsener Mensch sich am hellichten Tag in den Schrank setzt, dann aber, jetzt kommts, kommt die Aufregung, ich mache mir klar, daß ich weder vor noch hinter, noch von rechts davon, links, stehe, darüber oder darunter, krieg ich jetzt den Bogen heraus, wie der Hohlraum von einer noch unbekannten Seite aussieht, sehe ich jetzt vielleicht, um was für ein Lebewesen sich das handelt, wo sich der Kopf befindet, der Rumpf, die Glieder, ob es vielleicht nur einen Kopf hat, und wo ist denn das Gehirn, und wo sind die Augen, das Maul, denn von irgendwas muß das ja leben.
Um das vorwegzunehmen vermutlich löst sich – Sie sind daran interessiert, und ich bin froh, daß das endlich angefaßt wird, der Tod von Leiber und Hoffmann – vermutlich löst sich da manches Rätsel, wenn wir wissen, mit was das Ding sich ernährt, und wie es die Opfer anlockt und tötet, aber vor allem, was an den Opfern das ist, was die Nahrung bildet, den Stoff für einen Stoffwechsel, der für uns unvorstellbar ist.

Daß sich vielleicht herausfinden läßt, was es ist, indem wir finden, von was es lebte, indem wir bestimmen: was fehlt Leiber und Hoffmann, als sie gestorben waren.
Die Schulwissenschaft, die Gerichtsmedizin behauptet, es fehlt den Leichen nichts, von wegen, das wollen wir doch erst mal sehen, ich hatte das sichre Gefühl, daß an dem Leiber und an meinem Freund Hoffmann was fehlte, als ich sie, wie sie erstickt warn, fand und herauszog aus dem Schrank, kein Organ, sie waren nur anders dimensional, meine ich, anders als vorher, und das was gefehlt hat, es, es besitzt es jetzt.
Oder es hat mit Ernährung nichts zu tun, und die zwei sind umgekommen, nur weil sie etwas entdeckt hatten. So wie ich jetzt seinetwegen unschuldig eingesperrt werde.
Oder was anderes, fangen wir mal auf der anderen Seite an: wem nützen die Verbrechen? Wir wollen jetzt mal annehmen, daß jemand uns überwacht und ohne daß wir es merken, Apparaturen in jedem Büro, in jeder Wohnung versteckt, und keiner erkennt sie als Sender, als Empfänger, weil er sie selbst als was andres benutzt.
Da wird gestaunt! Da seid ihr noch nicht draufgekommen, ihr Schnüffler, daß ihr von Hohlräumen umgeben seid, wo ihr ein Hemd reinlegt, Brot und dabei werdet ihr observiert und weitergemeldet.
Der hier ist nicht so, der meldet nichts weiter, der lebt nur für sich, will niemand nützlich sein. Ist eine freie Individualität. Solche selbstverständlichen Wesen, die muß es geben, sonst kann ich sehr böse werden. Ist das wilde Tier vielleicht schuld, wenn es das Zebra zerreißt? Wer wirft den ersten Stein?

Die Kissen

Günter Becker ist verschwunden. Ein Polizist verhört die Frau. Obwohl sie sehr verworren antwortet, gibt er die Hoffnung nicht auf, etwas herauszufinden. Frau Becker steht mit frischer Bettwäsche neben ihrem Bett.

POLIZIST Irgendwas hat ihr Gatte doch sicher gesagt, als er fortging.

FRAU BECKER Plötzlich war der so komisch, ich bin froh, daß er weg ist. Nur schikaniert hat der mich. Ehrlich, zuviel ist zuviel. *Richtung Bett* Jetzt aber Ruhe! Ihr stört euch gegenseitig, wenn ihr dauernd quängelt! Man muß nicht so stöhnen! Ich schlafe sonst in der Küche! Liegt nur ruhig, dann tuts euch weniger weh. Wenn man mit denen nicht streng ist, dann tanzt das Volk mir die ganze Nacht auf dem Kopf rum! Ich brauch nur zu sagen, ich geh, da ist Ruhe. Die können auch lieb sein, auch das Kleine. Anhänglich ist es. Ja, ihr könnt lieb sein. Jetzt ruhig! Ich bleib ja bei euch! Aber meistens versuchen die, mich zu tyrannisieren. Sonst gibts bei denen nur Streit. Wenns gegen mich geht, sind sie sich einig. Sowas von Hinterlist! Da sieht man halt doch, daß die zwei keine Kinder, keine Menschen sind. Besonders das Kleine. Das flüstert mir manchmal Sachen ins Ohr, mein lieber Schwan, das kann ich nicht laut wiederholen. Deswegen wird das auch nicht überzogen, das hats jetzt davon. Lustig find ich das nicht, Sie, wenn eins einen üblen Charakter hat und neidisch ist, denkt, daß es schlechter behandelt wird, dauernd petzt und jetzt schon von mir die tollsten Geschichten verbreitet.

Mir ist das klar, wo das herkommt, daß Sie wegen dem Günter hier sind. Aber man muß auch bedenken, wenn eins so klein ist, dann wird es leicht giftig. Deswegen hab ich auch Mitleid. Ja, ich mach dich auch frisch, aber erst kommt das Große dran.

POLIZIST Wo könnt er sich aufhalten? Haben Sie gar keine Ahnung?

FRAU BECKER Keine! Nein! Drehn Sie sich wenigstens um! Das Große geniert sich. Das Kleine hats gern, wenn es ausgezogen herumliegt, das Ferkel. Was, da gibts gar nichts zu lachen! Die sind ja schließlich erwachsen.

Sie zieht vorsichtig den Plumeaubezug ab. Plötzlich erkennt der Polizist, daß die Wesen, mit denen Frau Becker spricht, vor ihm im Zimmer sind.

FRAU BECKER Wieder alles durchgeblutet! Solche Schmerzen hats, solche Schmerzen und ist so geduldig. Das Große, das hat die Reife. Alles weiß das, war nie in der Schule, aber weiß alles. Wissen ist Macht. Einigkeit macht stark. Wenn die sich auch noch bewegen könnten. Das wär entsetzlich! Jetzt sind sie nicht so gefährlich, weil sie krank sind. Was die nachts für ein Zeug reden, immer schlimmer wird das. Aber ich kann schließlich mit denen zu keinem Arzt gehen. Manchmal weiß ich nicht, wo mir der Kopf steht. *Zieht das Kissen ab.* Da, alles voll Blut, auch bei dem schon.

POLIZIST *faßt sich* Gab es oft Streit mit Ihrem Mann? Wie war Ihre Ehe?

FRAU BECKER *bezieht das Kissen* Weiß ist das, das ist ein Weiß. So weiß wie der Schnee in den Alpen. Eis. Das Meer, Ein Wasserfall, der ist auch frisch.

Natur, die reinigt sich selbst. So muß ein Bett sein. Bald könnt ihr schlafen, und morgen ist alles viel besser. *Drückt den Kopf ins Plumeau, horcht.* Dafür bin ich ja da! Jetzt werd du erst wieder gesund! Du bist wenigstens dankbar! So und jetzt wird geschlafen! Und du bist auch still! Ihr stört euch gegenseitig. Schlaft jetzt! Entspannen, entspannen, und denken, der Körper wird schwerer und schwerer. Ruhig, ganz ruhig! Der Schlaf wird euch gut tun. Beim Schlafen, da heilen die Leiden von selber.

Sprungrahmen

Eine Putzfrau ist in der Wohnung einer alleinstehenden Frau auf eine merkwürdige Sache gestoßen. Sie hat einen Nachbarn gerufen, der hat einen Polizisten geholt.

POLIZIST *kniet vor dem Bett* Wenn Sie nicht selbst herauskommen, rücken wir das Bett beiseite!

Die drei rücken das Bett beiseite, niemand zu sehen.

PUTZFRAU Das hilft gar nichts, die klammert sich da oben fest.
POLIZIST Das hält die doch nicht lange aus!
PUTZFRAU Meinen Sie! Das macht die schon Stunden, vielleicht Tage!
POLIZIST Ganz schön Kraft!
PUTZFRAU Ich weiß auch nicht, wo sie die her hat.

Das Bett wird ausgeräumt, den Sprungrahmen hochgekippt, für einen Augenblick ist das aufgerissene Gesicht der Festgeklammerten zu sehen.

Editorische Notiz

1970 Frankenstein. Uraufführung von 14 Szenen am Schauspielhaus Zürich. Typoskript

1971 Frankenstein. Uraufführung von 29 Szenen am Theater am Turm, Frankfurt am Main
Bühnenmanuskript Verlag der Autoren, Frankfurt am Main 1971

1972 Buchausgabe »Frankenstein. Aus dem Leben der Angestellten«
Quartheft Nr. 57, Wagenbach / Verlag der Autoren Berlin 1972

1979 Zweite, erweiterte Auflage. Wagenbach Verlag, Berlin

1980 Frankenstein. Aus dem Leben der Angestellten. Neufassung für die Bühne. Bühnenmanuskript Verlag der Autoren

1992 Das vorliegende Buch enthält die korrigierte Bühnenfassung von 1980 und »Weitere siebenundvierzig Fälle«, Szenen, die zum größten Teil bisher unveröffentlicht sind.
Ausführliche Anmerkungen im Anhang des Bandes 4 der Werkausgabe »Frankenstein II. Die Zelle des Schreckens«